Theodor Storms „Neues Gespensterbuch"

Theodor Storm 1852, Foto nach einer Daguerreotypie, die in Berlin aufgenommen wurde. Damals war das Manuskript des „Neuen Gespensterbuchs" fertiggestellt; wir wissen aber nichts von Bemühungen, das Manuskript drucken zu lassen.

Theodor Storms **NEUES GESPENSTERBUCH**
Beiträge zur Geschichte des Spuks

Karl Ernst Laage (Hg.)

BOYENS

Umschlag:
Alex Eckener: Radierung zu Th. Storms Novelle „Der Schimmelreiter" (Elke, die Tochter des Deichgrafen im Abendlicht vor der Tür ihres Vaterhauses) (aus der Schimmelreiter-Ausgabe: Boyens, Heide 1980, S. 31).

ISBN 978-3-8042-1334-0

© 2011 by Boyens Medien GmbH & Co. KG
Alle Rechte vorbehalten
Herstellung: Boyens Buchverlag
Druck: Boyens Offset
Printed in Germany

Inhalt

Einführung 7

Theodor Storm „Neues Gespensterbuch"
Register 10
Texte der Gespenstergeschichten (Nr. 1–69) 13
Zur Textgestaltung 139

Kommentar, Fragen und Antworten
zum „Neuen Gespensterbuch"
1. Storms Sympathie für das Spuk- und
   Gespensterwesen 142
2. Das Manuskript des „Neues Gespensterbuchs" 152
   a) Das Manuskript 152
   b) Die Entstehungszeit 154
   c) Die Bedeutung von Titel und Untertitel
      der Sammlung 154
   d) Weshalb das druckfertige Manuskript nicht
      veröffentlicht wurde 157
   e) Die Wiederentdeckung des Manuskripts 159
3. Die Quellen der Gespenstergeschichten 162
4. Vergleich des „Neuen Gespensterbuchs"
   mit der Spukgeschichtensammlung „Am Kamin" 169

Anmerkungen zum Kommentar 173
Benutzte Literatur 174
Abkürzungsverzeichnis 174
Dank 175

Einführung

Theodor Storm hat schon in seiner Jugend ein besonderes Interesse für Spukgeschichten gehabt, wie er selbst erzählt (in „Lena Wies" und „Geschichten aus der Tonne"). Später hat er auch in seinen Novellen auf das Unheimliche nicht verzichtet; in „Eekenhof" z.B. lässt er die Mutter aus dem Ahnenbild hervortreten, um den Sohn vor einem Mordanschlag zu warnen; und im „Schimmelreiter" ist es die „dunkle Gestalt" „auf einem hochbeinigen hageren Schimmel", die die Erzählung vom Deichgrafen Hauke Haien auslöst.

Wir wissen, dass Storm gern selbst Spukgeschichten vorgetragen hat. Theodor Fontane versichert, dass er dies „ganz vorzüglich verstand"; wie eine Art „Hexenmeister" habe er die Zuhörer in seinen Bann zu ziehen vermocht. Dass Storm aber selbst Spukgeschichten gesammelt und ein eigenes Gespensterbuch zusammengestellt hat, das ist erst in jüngster Zeit bekannt geworden.

Zur großen Überraschung der Stormkenner ist 80 Jahre nach dem Tod des Dichters eine Sammlung von über 60 Spukgeschichten aufgetaucht, die Storm als junger Rechtsanwalt zusammengestellt, zum Druck vorbereitet, aber nie veröffentlicht, ja, später nicht einmal in irgendeinem Zusammenhang erwähnt hat.

Diese, von ihm „Neues Gespensterbuch" genannte Sammlung ist auch insofern eine Überraschung, weil es sich hier wirklich um ein „neues" Gespensterbuch handelt: Die Spukgeschichten bestehen zu einem großen Teil aus Geschichten, die – wie der Herausgeber ausdrücklich versichert – „zum ersten Mal nach mündlicher Überlieferung" aufgezeichnet sind, oder aber durch genaue Quellenangaben als authentisch angesehen werden können. Außerdem hat Storm darauf Wert gelegt, dass die Geschichten aus verschiedenen Ländern (aus England, Italien, Skandinavien) stammen, dass sie die Zeitspanne von der Antike bis heute umfassen, vor dem Hintergrund verschiedener Landschaften und Städte spielen und von Personen aller Volksschichten handeln. Auf diese Weise enthält Storms Sammlung alle wichtigen Schattierungen von Gespenstergeschichten und ist nicht nur – worauf der Untertitel hinweist – ein „Beitrag zur Geschichte der Spuks", sondern auch ein Stück

Menschheitsgeschichte.

Aufschlussreich ist es, den Gründen nachzugehen, die Storm veranlasst haben, sein „Neues Gespensterbuch" nicht zu veröffentlichen. Von großer Bedeutung war in diesem Zusammenhang der politische Umbruch von 1848, der gerade in dieser Zeit (das Manuskript war 1848 fertig geworden) die Interessenssphären der Menschen grundlegend veränderte: Es war nicht mehr die Zeit, Gespenstergeschichten zu erzählen.

Auch Storm selbst hatte damals tief greifende Veränderungen zu überstehen: Er musste emigrieren und sich mit einer neuen, einer fremden Welt auseinandersetzen. Dabei wurde ihm mehr und mehr bewusst, dass die neue Zeit realistisch ausgeformte Novellen verlangte.

Trotzdem ist das „Neue Gespensterbuch" ein literarisches Dokument besonderer Art. Als Spukgeschichtensammlung steht es in einer Reihe mit den Märchensammlungen der Gebrüder Grimm und mit der Sagensammlung Karl Müllenhoffs. Als ein Werk, das in den Jahren 1843 bis 1848 entstanden ist, vervollständigt das „Neue Gespensterbuch" das Bild vom jungen Storm und verweist gleichzeitig auf die große Rolle, die das Spuk- und Gespensterwesen im Werk des Dichters bis hin zum „Schimmelreiter" spielt.

Theodor Storms
„Neues Gespensterbuch"

Beiträge zur Geschichte des Spuks

Register

Die mit * bezeichneten Nummern finden sich hier zum ersten Mal nach mündlicher Überlieferung aufgezeichnet, bis auf wenige nach der Erzählung glaubwürdiger Augenzeugen.

1. Die weiße Frau an der Dorfslinde* 13
2. Die Pfarre 15
3. Der Verschlag* 18
4. Ein Doppelgänger 20
5. Das Tortingsche Haus* 23
6. Die Ermordung des Herzogs von Buckingham 24
7. Die verhängnisvolle Stelle* 29
8. Das Anpochen* 31
9. Das Versprechen der Sterbenden 32
10. Die Dokumente 35
11. Der verhinderte Mord 37
12. Der kürzeste Weg 39
13. Der Dreizehnte* 40
14. Die Krankheit der Mutter* 41
15. Ein unbewohnbares Haus* 42
16. Die Versöhnung 44
17. Die Todesbotschaft 49
18. Der Tropfenfall 53
19. Das rauhe Tier* <Hs. verlorengegangen> 55
20. Der Pastor Josin* 56
21. Die Lotterienummern 58
22. Die Laube 61
23. Das kranke Kind* 63
24. Ein andres zweites Gesicht* 64
25. Der alte O. 65
26. Herein!* 67
27. Der letzte Trank 69
28. Traum des Herrn von Brenckenhof 71
29. Eine Erscheinung Wallensteins 73
30. Die schwarze Gestalt 76
31. Die Bettdecke* 81

32. Der Gespensterbesen*	83
33. Die nächtliche Unruhe	85
34. Der Schlossbrand zu Kopenhagen*	87
35. Das Sofa*	89
36. Eine bis jetzt halberfüllte Prophezeiung	91
37. Todesahnung vor der Schlacht	92
38. Ein merkwürdiger Traum	95
39. Ein Mord durch einen Traum entdeckt	97
40. Der Neubau*	98
41. Das Gesicht des Nachtwächters*	99
42. Das Turmgemach*	101
43. Das Gelächter*	104
44. Das Goldstück*	106
45. Cazottes Prophezeiung der Revolutionsschrecken <Hs. verlorengegangen>	108
46. Alchemisten a u. b	109
47. Die Spiegel a u. b	111
48. Die Schattenmännerchen	113
49. Der Hofprediger	115
50. Die Bibelstelle	116
51. Die Ankunft im Himmel*	117
52. Der Tod der Mutter*	118
53. Die Karossen*	119
54. Die Violine	121
55. Ein Geisterbeschwörer	124
56. Dreier Mädchen erstes Gesicht*	126
57. Der zurückkehrende Vater*	128
58. Versprochene Rückkehr nach dem Tode	130
59. Aus dem Leben eines Malers*	132
60. Zwei merkwürdige Träume	134
61. Der Brautzug* <Hs. verlorengegangen>	138
62. Großvaters Besuch* <Hs. verlorengegangen>	138
63. Das Leichenkleid* <Hs. verlorengegangen>	138
64. Verbrennen* <Hs. verlorengegangen>	138
65. In Todesgefahr* <Hs. verlorengegangen>	138
66. Der Namenszug* <Hs. verlorengegangen>	138
67. Das letzte Gesicht* <Hs. verlorengegangen>	138
68. Die Schreckensstunde* <Hs. verlorengegangen>	138
69. Die Familie P.* <Hs. verlorengegangen>	138

1. Die weiße Frau an der Dorfslinde*

Ein Bauerbursche sollte den neuen Pastor, wie die Bauern ihn allgemein nannten, da er erst seit Kurzem angestellt war, von einer Kindtaufe Abends mit der Laterne nach Hause leuchten. Gleich bei der Tür sah der Pastor, dass der Junge den Weg durch das lange Dorf nehmen wollte, während er doch auf einem ganz kurzen Fußsteige über die Äcker nach dem Kindtaufshause gekommen war.

»Lass uns den Fußsteig gehen!« sagte er zu dem Jungen.

»Nein«, sagte dieser, »den kann man Abends nicht gehen!«

»Warum nicht?« fragte der Pastor, »du hast ja die Laterne.«

»Nein«, wiederholte der Junge, »kein Mensch geht Abends bei der Linde vorbei; die weiße Frau könnte kommen.«

»Was ist das für eine Frau?« fragte der Pastor wieder.

»Ein Gespenst!« versetzte der Junge, »das weiß der Herr Pastor nicht einmal! Das weiß jedes Kind.«

»Auch die Leute, die drinnen sind?«

»Ja, Alle!« sagte der Junge.

Der Pastor ging hierauf wieder ins Haus zurück und fragte, ob nicht Jemand von der Gesellschaft vielleicht so gütig wäre, mit ihm den kürzeren Fußsteig nach seinem Hause zu gehen. — Alle sahen sich verdutzt an. Niemand antwortete; endlich nahm der Wirt das Wort:

»Lieber Herr Pastor«, sagte er, »der Knecht soll anspannen und Sie nach Hause fahren.«

»Den kurzen Weg!« erwiderte der Pastor, »wie wäre das der Mühe wert! Will denn Niemand mit mir über die Äcker gehen?«

Man drehte sich, man räusperte sich und wollte nicht mit der Sprache heraus, bis am Ende doch Einer damit hervorkam, dass es dort nicht geheuer sei, seit sich an der großen Linde jeden Abend ein Geist zeige, den auch er gesehen. Kaum war dies gesprochen, so stimmten auch alle Andern mit ein und jeder wollte das Gespenst gesehen haben.

Es schmerzte den Mann der Aufklärung, seine Gemeinde noch so tief im Aberglauben befangen zu finden. Er besann sich eine Weile, ob er ihnen sogleich das Törichte ihres Glaubens vorstellen, oder sie lieber durch die Tat überzeugen solle, wenn er selber die natürliche Ursache entdeckt habe. Er wählte das Letztere und sagte nur:

»Ich habe den Baum aus meiner Studierstube grade vor Augen, und werde euch bald überzeugen, dass es ein Schaf, oder ein Kalb oder sonst etwas ganz Natürliches gewesen ist.«

Somit ging er mit der Leuchte allein den Weg; er wollte jetzt gar keine Begleitung, kam auch den Baum vorbei und nach seinem Hause, ohne das Geringste gesehn zu haben. Hier fragte er Knecht und Magd, ob sie von der Geschichte wüssten. Beide bejahten es. –

Am andern Abend rief die Magd in das Studierzimmer ihres Herrn: »Herr Pastor, Herr Pastor! Die weiße Frau!« und winkte ihn nach dem Fenster. Als der Pastor hinzutrat, glaubte er doch auch etwas zu sehen. Er schlug daher schnell seinen Mantel um, ging aus dem Hause und nach der Linde. Hier sah er deutlich eine weiße Gestalt; sie wich nicht von der Stelle; aber so wie er darauf zutrat, zerging sie; ganz nahe war nichts zu sehen. – Diese Versuche wiederholte der Pastor drei Abend nach der Reihe; als sie jedoch immer dasselbe Resultat lieferten, wurde auch diesem beherzten Manne etwas unheimlich. Die Magd wagte endlich die Frage, was es denn gewesen sei. »Nichts! Natürlich nichts!« antwortete der Prediger und sann doch die ganze Nacht vergeblich dem Zusammenhange nach.

Am andern Morgen ließ er unter dem Baume nachgraben und nun fand man dort das Gerippe eines wenige Wochen alten Kindes, das grade so lange dort gelegen haben konnte, als die Leute das Gespenst unter dem Baume gesehen hatten.

Die allgemeine Meinung sprach sich dahin aus, dass das Kind ermordet, die Mutter sich aber aus Verzweiflung auch das Leben genommen habe. – Die Sache kam in Untersuchung.

2. Die Pfarre[1]

Erzählt von einem Professor in Königsberg

Zum Geistlichen erzogen, erhielt ich vom König Friedrich Wilhelm I.[2] eine kleine Pfründe im Innern des Landes, ziemlich weit südlich von Königsberg. Ich ging dahin, meine Pfarre in Besitz zu nehmen, und fand ein sehr nettes Pfarrhaus, wo ich die Nacht im Schlafzimmer meines Vorgängers zubrachte. Es war in den längsten Sommertagen, und am folgenden Morgen, der ein Sonntagsmorgen war, als ich erwachte, bei aufgezogenen Bettvorhängen und vollem Tageslichte da lag, sah ich die Gestalt eines Mannes in einer Art leichten Nachtkleides an einem Lesetisch stehen, worauf ein großes Buch lag, dessen Blätter er zuweilen umzuwenden schien. Ihm zu beiden Seiten standen zwei kleine Knaben, denen er von Zeit zu Zeit gar ernst ins Gesicht blickte, und, wie er sie anblickte, schien er jedes Mal tief zu seufzen. Sein bleiches, trostloses Gesicht verriet einen tiefen Gram. Ich sah das alles vollkommen deutlich; nur, weil ich zu erschrocken und furchtsam war, aufzustehen, oder mich selbst an die Erscheinungen vor mir zu wenden, blieb ich, einige Minuten schweigend, atemloser Zuschauer, ohne nur im mindesten mich zu rühren. Endlich machte der Mann das Buch zu, nahm die beiden Kinder, an jede Hand eines, und führte sie langsam durch das Zimmer; meine Augen folgten ihm ängstlich, bis die drei Gestalten allmählich verschwanden, oder sich hinter einem eisernen Ofen verloren, der in der fernsten Ecke des Zimmers stand.

So tief und furchtbar ich von diesem Auftritte erschüttert, und so wenig ich mir ihn zu erklären im Stande war, war ich doch meines Geistes mächtig genug, um aufzustehen, kleidete mich schnell an, und verließ das Haus. Die Sonne war schon hoch herauf, ich ging nach der Kirche und fand sie offen; aber der Kirchner[3] hatte sie verlassen, und, als ich die Kanzel betrat, war mein Gemüt und meine Einbildungskraft so von dem eben erlebten Auftritt eingenommen, dass ich mich durch Betrachtung der umgebenden Gegenstände zu zerstreuen suchte. Fast in allen lutherischen Kirchen Preußens ist es herkömmlich, an den Wänden die Bildnisse der Geistlichen oder Pfarrherren aufzuhängen. In einem der Gänge hingen mehrere solche schlecht gemalten Bildnisse. Kaum aber hatte ich meine Augen auf das letzte in der Reihe, das Bild meines Vorgängers, geheftet, als sie darauf gebannt waren, und ich sogleich das Gesicht erkannte, das ich in meinem Schlafzimmer gesehen, wiewohl hier nicht mit jenem tiefen Ausdruck von Gram.

Der Kirchner trat ein, und ich betrachtete den anziehenden Kopf noch immer. Nun fing ich an, über die Vorgänger mit ihm zu sprechen, und endlich auch über den letzten, nach dessen Geschichte ich mich gar sorgfältig erkundigte. »Wir betrachten ihn«, sagte der Kirchner, »als einen der gelehrtesten und liebevollsten Männer, die unter uns gelebt haben. Seine Huld und sein Wohlwollen machten ihn allen seinen Pfarrkindern wert, die auch seinen Verlust wohl lange beklagen werden. Er ward aber in der Mitte seines Lebens von einer abzehrenden Krankheit weggerafft, was denn zu manchen unerfreulichen Geschichten Anlass gegeben hat, und worüber noch allerlei gemutmaßt wird. Gemeiniglich aber glaubt man, er sei an Herzeleid gestorben.« Da meine Neugier hiemit nur stärker aufgeregt war, so drang ich in ihn, mir doch alles mitzuteilen, was er über die Sache wüsste, oder gehört habe. »Darüber«, sagte er »ist nichts bekannt; aber die Lästerung hat ausgebreitet, er habe eine unerlaubte Verbindung mit einem jungen Weibe in der Nachbarschaft gehabt, von welchem er auch, wie man behauptet, zwei Söhne haben sollte. Zum Erweis dieser Angabe weiß ich freilich gewiss, dass zwei Knaben von vier bis fünf Jahren auf der Pfarre waren. Aber sie verschwanden einige Zeit, ehe ihr angeblicher Vater starb, plötzlich; wohin aber, und was aus ihnen geworden, wissen wir alle nicht. Ebenfalls gewiss ist, dass die Vermutungen und ungünstigen Meinungen über diese geheimnisvolle Angelegenheit, die ihm notwendig zu Ohren gekommen sein mussten, die Krankheit, woran er starb, wo nicht herbeiführte, doch beschleunigte; aber er ist nun hingegangen zur Rechenschaft, und wir müssen christlich von dem Geschiedenen denken.«

Ich brauche wohl nicht zu sagen, wie bewegt ich diese Erzählung anhörte, welche mir alles, was ich gesehen hatte, vor die Einbildungskraft zurückrief, und Beweis zu werden schien. Unwillig aber, mein Gemüt länger von Phantomen gefesselt zu sehen, welche Täuschung oder Irrtum gewesen sein konnte, teilte ich dem Kirchner den erlebten Vorfall nicht mit, verließ aber auch das Zimmer nicht, wo er mir begegnet war. Ich wohnte stets darin, ohne doch wieder eine ähnliche Erscheinung zu sehen; und sogar die Erinnerung ward mit dem zunehmenden Herbst immer mehr verwischt. Als der Winter im Anzug war, und Feurung nötig machte, ließ ich den eisernen Ofen in der Stube, hinter welchem die drei Gestalten verschwunden waren, heizen. Es kostete etwas Mühe, da der Ofen nicht nur unausstehlich rauchte, sondern auch einen höchst üblen Geruch verbreitete. Als ich nun nach einem Grobschmidt[4] sendete, den Ofen zu besichtigen und auszubessern, entdeckte er inwendig tief am äußersten Ende, die Knochen von zwei kleinen menschlichen Körpern, welche an Größe den vom Kirchner auf der Pfarre gesehenen Knaben glichen. Dieser letzte Umstand vollendete mein Erstaunen, und schien eine Erscheinung, die außerdem für Sinnentrug hätte gelten können, zur wirklichen zu machen. Ich gab die Pfarre auf, verließ den Ort und kehrte nach Königsberg zurück – aber es hat auf mein Gemüt den tiefsten Eindruck gemacht.

Anmerkungen

1 Diese Geschichte hat Storm – in veränderter Form – seinen Kindern vorgetragen. Gertrud Storm hat sie so, wie sie diese Geschichte erinnert, niedergeschrieben (Gertrud Storm: Vergilbte Blätter aus der grauen Stadt, Regensburg/Leipzig 1920, S. 50–52).
2 König Friedrich Wilhelm I. von Preußen (1688–1740).
3 Kirchner: Kirchendiener, Küster.
4 Grobschmidt (alte Schreibung): Grobschmied.

3. Der Verschlag*

Als ich mich vor Jahren eine Zeitlang in Hamburg aufhielt, ließ ich bei einem Schneider, einem alten bedachtsamen Manne, arbeiten, der mit mehreren andern Handwerkerfamilien die dritte Etage eines hohen weitläufigen Gebäudes bewohnte. Einst als ich zu ihm schickte, kam das Mädchen mit der Nachricht nach Hause, der Mann sei ausgezogen und wohne jetzt in einem entfernteren Stadtteile. Ich schickte nun dorthin, und der Meister kam, um mir die Maße zu nehmen. »Warum seid Ihr umgezogen, Meister?« fragte ich ihn während dieser Beschäftigung. – »Das ist eine eigene Geschichte, Herr!« erwiderte er, »mag sonst nicht gern davon gesprochen haben; aber Ihnen kann ichs wohl erzählen.

Jede Nacht entstand in meiner Stube – Sie wissen, es war zugleich meine Schlaf- und Werkstube – erst ein leises Krabbeln, als wenn Mäuse hinter der Tapete wären; bald rechts, bald links; dann war's wieder unter dem Fußboden und dann wieder über unsern Köpfen. Das dauerte so eine viertel, auch wohl eine halbe Stunde an, und erreichte zuletzt eine solche Stärke, dass sowohl ich als meine Frau mehrmals des Nachts davon aufgewacht sind. Da sich nun gar keine Ursache dieses immer wiederkehrenden Geräusches entdecken oder erdenken ließ, und auch unser Wandnachbar, der Posamentier[1] L., mir versicherte, dass dies in den 10 Jahren, in welchen er daneben wohne, immer auf dieselbe Weise gewesen sei und dass er in dieser Zeit wohl über zwanzig Wandnachbaren gehabt habe, so können Sie wohl denken, dass uns etwas unheimlich zu Mute ward. – Eines Tages ging ich auf den großen weitläuftigen Hausboden, wo ich Tuch zum Trocknen aufgehangen hatte, und fand dort in einem staubigen Winkel eine Art Verschlag, den ich früher nicht bemerkt hatte und der vielleicht als Taubenhaus benutzt worden war. Ohne weitre Absicht ging ich hinzu, öffnete die Tür dieses Verschlages und sah hinein. Drinnen lag der Staub und Schmutz mehrere Zoll hoch; und wie ich so gedankenlos hineinstarre und es mir auf dem alten Rumpelboden schon ganz unheimlich wird, bemerkte ich in der einen Ecke Etwas liegen, ebenfalls unter hohem Staub verhüllt, das ganz genau die Gestalt eines im Liegen zusammengekauerten menschlichen Körpers hatte. Ich glaube mir haben die Haare zu Berge gestanden; ich weiß nicht wie ich wieder herunter und auf meinen Tisch gekommen bin. – Andern Tags kam mein Bruder, der Schmidt[2], zu mir; ich erzählte ihm die Geschichte und er ließ mir keine Ruh, bis ich mit ihm auf den Boden ging, um die Sache zu untersuchen. Wir standen auch schon vor dem alten Verschlage, als es mir glücklicherweise noch einfiel, in welche Ungelegenheit wir uns durch unsre Nachforschungen bringen könnten. Ich stellte es meinem Bruder vor, dass wir, wenn hier vielleicht ein Mord geschehen wäre, ja alle Tage zum Rathaus laufen müssten. Und Sie wissen, Herr, wir Handwerker sollen von unsrer Zeit leben, und wenn wir nicht arbeiten, so nehmen wir auch nichts ein. So blieb es denn dabei, und wir stiegen vom Boden herunter, so klug als wir hinaufgestiegen waren. In dem Spukzimmer länger zu wohnen war mir aber von nun an unmöglich, obgleich der Hausherr mir ein Jahr die Miete zu schenken versprach, wenn ich's noch einmal solang versuchen wollte.«

Anmerkungen

1   Posamentier: Einer, der mit Posamenten (= Borten, Besatzartikeln) handelt.
2   Schmidt: alte Schreibung von Schmied.

4. Ein Doppelgänger

Erzählt von Luise Brachmann

Kein menschlicher Verstand hat noch je den wunderbaren Zusammenhang der Geisterwelt mit unserer sinnlichen zu erklären und Keiner ihn ganz abzuleugnen vermocht. Eine der schaudervollsten Erscheinungen ist wohl unstreitig das Erblicken seiner selbst. Ein Schauder muss das furchtloseste Menschenherz bei einem Ereignisse ergreifen, das gleichsam in die Wirklichkeit unseres Daseins greift, das es in seinen Wurzeln zu erschüttern droht, und wahnsinnerregende Zweifel in uns weckt. – Und gleichwohl bietet uns die Erfahrung mehrere verbürgte Beispiele davon; selbst die Geschichte des Altertums zeigt eins der grauenvollsten in der bekannten Erscheinung des Brutus[1], wo der große Römerfeldherr einst noch in später Nacht einsam in seinem Zelte sitzt, und plötzlich sich gegenüber »ein erschreckliches Etwas« stehen sieht, wie sich der römische Geschichtsschreiber ausdrückt. »Wer bist du?« fragte Brutus. – »Ich bin du selbst«, kam die furchtbare Antwort wieder, und unwillkürlich rieselte ein Schauer durch des Helden ergriffenes Herz. – »Bei Philippi sehen wir uns wieder«[2], sprach der Schreckliche, und verschwand, – und bei Philippi, an seinem Todestage, sah Brutus das Gesicht wieder in dem Gewühle der Schlacht. –

Ein Beispiel dieser Art aus jetziger Zeit verdient zwar jenem großen nicht an die Seite gestellt zu werden, doch ist es merkwürdig, da seine Wahrheit von glaubwürdigen Zeugen bestätigt ist.

Ein junger Mann von Stande, der sich durch Geist und Herz vorteilhaft auszeichnete, lebte vor nicht geraumer Zeit auf einer norddeutschen Akademie, wo er sich die Achtung der Lehrer und die Freundschaft seiner Kommilitonen so ungeteilt erworben hatte, dass man das folgende Ereignis nur mit allgemeiner Teilnahme erfuhr.

Er ging einst bei schon einbrechender Dämmerung mit einem Freunde seinem Hause zu; der Freund sprach lebhaft über einen wichtigen Gegenstand, er aber hörte nur mit zerstreuter Aufmerksamkeit zu, denn seine Blicke waren auf einen Gegenstand gerichtet, der nur wenige Schritte vor ihnen herging, und seine ganze Seele beschäftigte. Es war eine Gestalt, die ihm selbst glich wie ein Tropfen Wasser dem andern; Wuchs, Gang und selbst genau dieselbe Kleidung, die er in diesem Augenblicke trug. – Eine seltsame Scheu hielt ihn zurück, auch seinen Gefährten darauf aufmerksam zu machen, bis sie jetzt an die Tür des Hauses kamen, wo er wohnte, und wo eben der Unbekannte kurz vor ihnen an die Tür trat, sie öffnete und hineinging. Im Hineingehen wandte er noch das Gesicht zu den Beiden – und – zusammenzuckend erkannte jetzt der Jüngling deutlich sein eigenes Gesicht. –

Auch der Freund hatte jetzt die Erscheinung bemerkt und ihn wandelte ein Schauer an; ohne ein Wort zu sagen, drückten die beiden Freunde den Arm fester ineinander, und lenkten, statt in die Tür links zu gehen, sich rechts zu dem gegenüber stehenden Hause, wo die Wohnung des Freundes gerade in derselben Höhe war, wie die unseres Jünglings in dem Hause, in welches die Erscheinung gegangen war. Hier eilten sie die Treppe schnell hinauf, und gingen unwillkürlich durch das schon dunkle Zimmer, dem Fenster zu, aus welchem man die gegenüber liegende Wohnung ganz übersehen konnte. Dort ging eben die Tür auf, und sie sahen bei der dämmernden Helle, die von einem etwas hellern Vorsaal kam, – eben jene Gestalt eintreten.

Der Unbekannte schlug Licht an, gerade so, wie es der lebende Bewohner dieses Zimmers zu tun gewohnt war. Sie sahen nun wieder bei dem Scheine der Kerze, die er anzündete, die ganze schauerliche Ähnlichkeit mit diesem, so wie er ihn in jeder seiner Bewegungen auf das Täuschendste darstellte. Eben so warf er den Mantel flüchtig auf einen Stuhl, holte einige Bücher auf den Tisch, las darin, legte dann Alles wieder an den gehörigen Ort, zog sich aus, und legte sich nieder.

Erstarrend hatten die beiden Freunde dies angesehen. Erst spät suchten sie ihr gemeinschaftliches Lager auf, und fielen in den festen Schlaf der Jugend.

Als sie am andern Morgen erwachten, beschlossen sie doch, sich in der gegenüberliegenden Wohnung zu erkundigen, und siehe da, die Decke des Zimmers war eingestürzt, gerade über dem Bette des Jünglings, und würde ihn, hätte ihn nicht jenes Gesicht daraus verdrängt, unfehlbar erschlagen haben.

Mildernd ist dieser Schluss für das Furchtbare der Erscheinung; doch dunkel ist und bleibt der Vorhang, der die Geheimnisse vom Jenseit deckt.

Anmerkungen

1   Brutus: Marcus Junius Brutus (85–42 v. Chr.), Cäsar-Mörder (44 v. Chr.), verlor die Schlacht gegen die Cäsar-Rächer (Antonius und Oktavian) bei Philippi in Nordgriechenland (42 v. Chr.).
2   Zitat nach Plutarchs „Cäsar".

5. Das Tortingsche Haus*

In einer kleinen Stadt des Herzogtums Schleswig steht ein großes dunkles Gebäude, wohl erhalten, aber fast unbewohnt, nur ein alter Nachtwächter hauste lange Zeit unentgeltlich darin; und so oft es auch zum Kauf oder zur Miete ausgeboten wurde, es fand sich weder Käufer, noch Mietsmann; denn jedes Kind im Städtchen wusste, dass der alte dort verstorbene Torting jede Nacht im großgeblümten Schlafrock und gelben Saffianpantoffeln[1] durch die engen tönenden Gänge des langen Hauses schlurrte, und schmerzlich stöhnend die Hände rang.

Man sagte ihm Vieles nach, wovon allerdings wahr sein mochte, dass er etwas auf dem Gewissen getragen und sich in Folge dessen selber das Leben genommen hatte. Er war von Geburt ein Holländer und so viel schien gewiss, dass er sein Vaterland aus Furcht vor drohenden Kriminaluntersuchungen nicht wieder zu betreten wagte. Einige wollten behaupten, er habe auf einer Reise nach Amerika seine Frau erdrosselt und ins Meer versenkt; andre, er habe sie mit ihrem noch ungeborenen Kinde an ein Sklavenschiff verkauft. Dass er ein finsterer menschenscheuer Mann war, ist gewiss; denn nur wenige Leute gab es, die sich erinnern konnten, ihn außer seinem Hause gesehen zu haben, obgleich er bis an seinen plötzlichen Tod niemals einen Heller an Doktor oder Apotheker verschwendet hatte; auch, wie die Nachbarn deutlich hören konnten, oft, vorzüglich gegen die Zeit der Tag- und Nachtgleiche, mitten in der Nacht mit starken Schritten in den langen Gängen seines Hauses auf und abzuschreiten pflegte. – Das kann auch ich noch bezeugen, dass mein Großohm, der das Haus eine Zeitlang zur Miete bewohnte, dasselbe auf wiederholte Bitten seiner Frau verließ, die sich an den Spuk, der freilich Niemandem ein Leides tat, nicht gewöhnen konnte.

Anmerkung

1 Saffianpantoffeln: Pantoffeln aus Saffian, aus feinem Ziegenleder.

6. Die Ermordung des Herzogs von Buckingham

⟨Museum des Wundervollen⟩[1]

Der Herzog von Buckingham[2] war Minister bei dem König von England Carl dem Ersten, dessen Liebling er war; und da man ihn für den Urheber der Gewalttätigkeiten hielt, die sich der König erlaubte, so war er bei dem Volk sehr verhasst, und büßte nachmals sein Leben auf eine gewaltsame Weise ein; er wurde nämlich im 36sten Jahr von dem Lieutenant Felton mit einem Messer erstochen. Von einer Erscheinung, die vor dem Tode des Herzogs von Buckingham vorherging, erzählt der Lord Clarendon[3], in seiner Geschichte der Rebellion und bürgerlichen Kriege in England folgendes:

»Unter diejenigen, die bei der königlichen Garderobe zu Windsor[4] in Diensten standen, befand sich ein Mann, der wegen seiner Rechtschaffenheit und Klugheit allgemein verehrt, und der damals etwa funfzig Jahr alt war. Dieser Mann war in seiner Jugend in einem Collegium zu Paris erzogen worden, wo sich zu eben der Zeit George Villiers, der Vater des Herzogs von Buckingham, befand, mit dem er eine genaue Freundschaft geschlossen[5], den er aber doch von der Zeit an nicht wieder gesprochen hatte.

Als sich nun dieser Garderobe-Aufseher ungefähr 6 Monate vor der Ermordung des Herzogs bei vollkommener Gesundheit in seinem Bette zu Windsor befand, erschien ihm um Mitternacht ein Mann von ehrwürdigem Ansehen, zog die Vorhänge seines Bettes auf, und fragte ihn, indem er ihn starr ansah, ob er ihn nicht kenne. Anfänglich antwortete er ihm nicht, weil er vor Schrecken halbtot war. Als er aber zum zweitenmal gefragt wurde, ob er sich nicht erinnere ihn gesehen zu haben, so fiel ihm die Erinnerung an George von Villiers, vermittelst der Ähnlichkeit des Körpers und der Kleidung ein; er sagte ihm daher, dass er ihn für George von Villiers halte. Die Erscheinung versetzte hierauf, dass er Recht habe, und bat ihr die Gefälligkeit zu erweisen, sich in ihrem Namen zu ihrem Sohne, dem Herzog von Buckingham zu verfügen, um ihm zu sagen, dass er alle seine Kräfte anstrengen möchte, sich beim Volke beliebt zu machen, oder wenigstens die gegen ihn aufgebrachten Gemüter zu besänftigen, sonst würde man ihn nicht lange mehr leben lassen. Nach diesen Worten verschwand die Erscheinung, und der gute Mann, sei es nun dass er völlig erwacht, oder nicht erwacht war, schlief bis an den Morgen ruhig fort.

Bei seinem Erwachen sah er die Erscheinung für einen Traum an, und würdigte ihn keiner besondern Aufmerksamkeit. Eine oder zwei Nächte darauf, erschien ihm die nämliche Person noch einmal an eben demselben Ort und in der nämlichen Stunde, mit einer etwas ernsthafteren Miene als das erstemal, und fragte ihn, ob er den Auftrag ausgerichtet, den er von ihr empfangen hätte. Da die Erscheinung wohl wusste, dass es nicht geschehen war, so gab sie ihm sehr ernstliche Verweise, und setzte noch hinzu, dass sie mehr Gefälligkeit von ihm erwartet hätte, und dass wenn er ihr Verlangen nicht befriedigen würde, er keine Ruhe haben, sondern allenthalben von ihr verfolgt werden sollte.

Der in Furcht und Schrecken gesetzte Garderobeaufseher versprach zu gehorchen. Doch war er des Morgens unschlüssig, und wusste nicht, was er tun sollte. Er fand sich in Verlegenheit, eine zweite so sichtbare und deutliche Erscheinung als einen Traum zu betrachten, und auf der andern Seite schien ihm der hohe Stand des Herzogs, die große Schwierigkeit vor ihn zu kommen, und noch mehr die Bedenklichkeit, die Sache dem Herzog glaubwürdig zu machen, die Ausführung seines Auftrags zu vereiteln und unmöglich zu machen.

Er war einige Tage unentschlossen, was er tun sollte; endlich fasste er den Vorsatz, sich eben so untätig wie das erstemal zu verhalten. Es erfolgte nun eine dritte aber weit fürchterlichere Erscheinung, als die zwei vorhergehenden: Die Erscheinung verwies es ihm in einem bittern Ton, dass er sein Versprechen nicht gehalten hätte. Der Garderobeaufseher gestand, dass er die Vollziehung dessen, was sie ihm aufgetragen, wegen der Schwierigkeit vor den

Herzog zu kommen, aufgeschoben habe, indem er mit keiner Person bekannt sei, durch welche er Zutritt zu dem Herzog zu erhalten, hoffen könne, und wenn er auch Mittel fände, Gehör zu bekommen, so würde ihm doch der Herzog nicht glauben, dass er einen solchen Auftrag erhalten habe; man würde ihn für wahnsinnig halten, oder glauben, dass er entweder aus eigener Bosheit, oder auf Anstiften böser Leute, den Herzog zu hintergehen suche. Auf diese Art würde sein Untergang unvermeidlich sein. Die Erscheinung aber beharrte bei ihrem Vorsatz, und sagte ihm, er solle nicht eher Ruhe haben, bis er ihrem Verlangen Genüge geleistet hätte. Zugleich setzte sie hinzu, dass der Zutritt zu ihrem Sohn leicht wäre, und dass diejenigen, die ihn sprechen wollten, nicht lange warten dürften. Damit er aber Glauben fände, so wolle sie ihm zwei bis drei Umstände sagen, von denen er aber gegen Niemanden außer gegen den Herzog etwas erwähnen dürfe; sobald dieser sie vernehmen würde, würde er auch seiner übrigen Erzählung Glauben beimessen.

Dieser dritten Aufforderung und Erscheinung glaubte er gehorchen zu müssen, und reiste daher gleich den andern Morgen nach London ab; und da er den Requetenmeister[6] Sir Ralph Freemann, der eine nahe Anverwandtin des Herzogs geheiratet hatte, genau kannte, so machte er ihm seine Aufwartung, und ersuchte ihn, dass er ihn mit seinem Ansehen unterstützen möchte, damit er eine Audienz erhielte, er habe dem Herzog Sachen von Wichtigkeit zu hinterbringen, die eine große Verschwiegenheit und einige Zeit und Geduld sie anzuhören erforderten.

Sir Ralph kannte die Klugheit und Bescheidenheit dieses Mannes, und schloss aus dem, was er nur in allgemeinen Ausdrücken vernommen hatte, dass etwas Außerordentliches die Ursache seiner Reise sei. Er versprach ihm daher zu willfahren, und mit dem Herzog davon zu sprechen. Bei der ersten Gelegenheit gab er dem Herzog auch Nachricht von dem guten Ruf und dem Verlangen dieses Mannes, und hinterbrachte ihm Alles was er von der Sache wusste. Der Herzog gab ihm die Antwort, dass er den folgenden Tag früh mit dem König auf die Jagd gehen, und dass ihn seine Pferde bei der Lambethbrücke[7] erwarten würden, wo er des Morgens um 5 Uhr zu landen gedächte, und wenn ihn der Mann daselbst erwarten wolle, so würde er sich mit ihm, so lang es nötig wäre, unterhalten können.

Sir Ralph ermangelte nicht, den Garderobe-Aufseher zur bestimmten Stunde an den Ort zu führen, und ihn dem Herzog beim Aussteigen aus dem Schiffe vorzustellen. Der Herzog nahm ihn sehr gefällig auf, ging mit ihm seitwärts, und sprach beinahe eine ganze Stunde lang mit demselben. Niemand befand sich an diesem Ort, als Sir Ralph, und die Bedienten des Herzogs; allein alle diese standen so weit entfernt, dass sie unmöglich etwas von der Unterredung vernehmen konnten, ob sie schon sahen, dass der Herzog oft, und mit vieler Bewegung sprach. Sir Ralph Freemann, der die Augen beständig auf den Herzog gerichtet hatte, bemerkte dies noch besser als die Übrigen, und der Garderobe-Aufseher sagte ihm auf ihrer Rückreise nach London, dass, als der Herzog die besondern Umstände gehört hätte, die er ihm entdeckte, um das Übrige seiner Unterredung glaubwürdig zu machen, er seine Farbe verändert und beteuert habe, dass Niemand als der Teufel ihm dieses habe entdecken können, indem nur er (der Herzog) und eine andre Person Kenntnis davon habe, von der er gewiss überzeugt sei, dass sie es keinem Menschen gesagt habe.

Der Herzog setzte die Jagd fort, doch bemerkte man, dass er sich beständig von den Übrigen entfernte, in tiefes Nachdenken versunken war, und an dem Vergnügen keinen Anteil nahm. Noch Vormittags verließ er die Jagd, stieg in Whitehall[8] ab, und begab sich in das Zimmer seiner Mutter, mit der er zwei bis drei Stunden lang verschlossen war. In den benachbarten Zimmern hörte man ihre laute Unterredung, und als er wieder herauskam, bemerkte man viele Unruhe in seinem Gesicht mit Zorn vermischt, welches man noch niemals in einer Unterredung mit seiner Mutter, für welche er jederzeit die tiefste Ehrfurcht bezeugte, wahrgenommen hatte. Die Gräfin fand man nach der Entfernung ihres Sohnes weinend, und im größten Schmerz versunken. – So viel ist bekannt, und ausgemacht, dass sie sich nicht darüber zu verwundern schien, als sie die Nachricht von der Ermordung des Herzogs, welche einige Monate darauf erfolgte, erhielt. Es schien also, dass sie dieselbe vorausgesehen, und dass ihr Sohn ihr Nachricht von dem, was ihm der Garderobe-Aufseher entdeckt, gegeben hatte. Auch nahm man in der Folge nicht die Betrübnis an ihr wahr, die sie über den Verlust eines so geliebten Sohns notwendig empfinden musste.

Insgeheim erzählt man sich, die besondern Umstände an die der Garderobe-Aufseher den Herzog erinnert, hätten einen unerlaubten Umgang betroffen, den er mit einer seiner nahen Anverwandtinnen unterhalten hätte, und da er allen Grund zu vermuten hatte, dass die Dame nicht selbst davon geredet haben würde, so glaubte er, dass außer ihr nur der Teufel davon etwas wisse, und gesprochen haben könne.

Im Britischen Plutarch[9] werden noch mehrere Ahnungen angeführt, welche Bezug auf den Tod des Herzogs von Buckingham haben sollen; allein diese alle können in obiger Erscheinung ihren Ursprung haben.«

Anmerkungen

1 Die Quellenangabe »Museum des Wundervollen« hat Storm zunächst – wie bei anderen Gespenstergeschichten dieser Sammlung – handschriftlich unter dem Titel angebracht, dann aber wieder durchgestrichen. Sie wird hier – und in einigen anderen Geschichten – von uns mit abgedruckt, weil sie dem Leser Auskunft gibt über die Herkunft der Gespenstergeschichte. Wie nähere Untersuchungen ergeben haben (vgl. auch den Kommentar S. 164), hat Storm allerdings nicht das »Museum des Wundervollen« (Leipzig 1803–1810) selbst benutzt (und deshalb auch wohl die Quellenangabe gestrichen), sondern J. H. Jungs »Theorie der Geisterkunde« (Nürnberg 1808), wo der Text Seite 280–286 abgedruckt ist, mit der Angabe der Fundstelle »im 2ten Stück des 2ten Bandes des Museums des Wundervollen von der 89sten Seite an«.
2 Herzog von Buckingham: George Villiers (1592–1628), Minister bei König Karl I. von England (1600–1649). George Villiers wurde am 23. 8. 1628 ermordet (also – wie angegeben – »im 36sten Jahr«).
3 Lord Clarendon: Edward Hyde, Graf von Clarendon (1609–1674), englischer Staatsmann, Schriftsteller, Verfasser des genannten Bandes »History of the rebellion and civil wars in England« (1702).
4 Windsor: Schloss mit großem Park westlich von London, Lieblingsresidenz der englischen Könige.
5 geschlossen: Von Storm gegen die Vorlage hs. korrigiert aus »errichtet«.
6 Requetenmeister: Beamter, der die Bittschriften und Gesuche, die an den König gerichtet wurden, zu erledigen hatte (frz.: Maître de Requêtes).
7 Lambethbrücke (in London): Brücke über die Themse südlich der Westminster Bridge.
8 Whitehall: Königlicher Palast an der heutigen Whitehall-Street in London.
9 Britischer Plutarch: Möglicherweise John Aubrey (1626–1697) und dessen „Lives of Eminent Men«, die 1813 erschienen. – Plutarch: Griechischer Schriftsteller (46 – nach 120 n. Chr.), dessen »Parallelbiographien« Lebensbeschreibungen berühmter Männer enthalten.

7. Die verhängnisvolle Stelle[1]*

Erzählt von Herrn H.[2]

An einem schönen Sommertage des Jahres 183x machte eine Gesellschaft junger Leute aus T. zusammen eine Lusttour[3]. Da sie durch die benachbarte Marsch fuhren, so rollte der Wagen rasch und glatt dahin und die zwei tüchtigen Braunen zogen ihn wie ein Spielwerk; denn bekanntlich sind die Wege in den Marschen bei trocknem Sommerwetter so schön, dass keine Chaussee den Vergleich mit ihnen auszuhalten vermag. Die jungen Herrn waren in allerlei lebhaftes Gespräch und Disput verwickelt; die auf den vordersten Stühlen des offnen Wagens Sitzenden drehten sich um und nahmen in dieser unbequemen Stellung an dem allgemeinen Gespräche Anteil, und die Zungen gingen eben so flink als die Räder. Plötzlich verstummte der junge Kaufmann L. mitten in der lebhaftesten Unterhaltung, und sagte dann, nachdem der Wagen eine Strecke weiter gerollt war: »Gottlob, dass wir über die Stelle weg sind!« Die Andern sahen ihn an und konnten nicht verstehen, was er mit diesen Worten sagen wollte.

»Über die Stelle?« fragte Einer, »über welche Stelle meinst du?«
»Ach«, erwiderte er, »da war eine hässliche Stelle im Wege.«
»Ich verstehe dich nicht«, sagte der Andre, »wie denn hässlich? Wir fahren ja immer auf dem schönsten Sommerwege.«
»Ja«, erwiderte L., »es war doch nicht gut darüber wegzukommen.«
Dabei blieb es; keiner konnte verstehen, was L. an jener Stelle des Weges, welche den andern überall nicht aufgefallen und über welche der Wagen ebensoleicht wie über alle andern Wegestrecken hinweggerollt war, Unangenehmes aufgefallen sein konnte; und

dieser selbst erklärte sich auch nicht weiter. So wurde der kleine Vorfall bald vergessen und die Tour erst spät Abends in aller Fröhlichkeit beschlossen.

Acht Tage danach machte L. nach derselben Richtung hin eine kleine Geschäftsreise zu Pferde, und seine Eltern erwarteten ihn schon selbigen Abends wieder zurück. Sie hörten auch zur erwarteten Zeit sein Pferd vor die Haustür traben; als sie aber hinausgingen, fehlte der Reiter. Sogleich wurden die nötigen Leute den Weg hinausgeschickt, um ihn aufzusuchen und zu sehen, ob ihm ein Unglück widerfahren. Es dauerte nicht lang, so wurde sein Leichnam zurückgebracht; er war vom Schlage getroffen und so vom Pferde gestürzt. – Die Stelle aber, wo ihn der Tod ereilt hatte, war dieselbe, welche ihm vor acht Tagen in froher Gesellschaft ohne alle scheinbare Ursache so schwer zu überkommen deuchte.

Der Herr Erzähler war an jenem Tage Mitglied der kleinen Gesellschaft und daher Augenzeuge; auch ist derselbe ein durchaus unbefangener vorurteilsfreier Mann.

Anmerkungen

1 Die Geschichte war die Vorlage für eine der Spukgeschichten, die Storm in der Sammlung »Am Kamin« in geselliger Runde vortragen lässt (LL IV, S. 54; vgl. auch den Kommentar S. 169 f.).
2 Hier hat Storm den ursprünglichen Zusatz »in T.« gestrichen. Vgl. im Text: »aus T.«.T.: Offenbar Abkürzung für Tondern, eine Stadt 60 km nördlich von Husum, heute auf dänischem Staatsgebiet (bei der literarischen Verwertung dieser Geschichte in der Sammlung »Am Kamin« hat Storm, aus der Kenntnis der von ihm benutzten Quelle, die Angabe »im nördlichen Schleswig« hinzugefügt (vgl. im Kommentar S. 170 und: LL IV, S. 54 und 612 f.).
3 Lusttour: Vergnügungsfahrt (von nd. »Lusttuur« und dän. »Lystreyse« beeinflusst).

8. Das Anpochen*

Erzählt von H. S. in S.

Als ich noch ein Knabe war, saß mein Vater, wie er zu tun pflegte, eines Tages, oben auf seinem Zimmer mit seinen Handlungsbüchern beschäftigt. Plötzlich wird an die Tür gepocht. – »Herein!« – Aber es rührt sich nichts – Es pocht wieder. – »Herein!« aber es kommt wieder Niemand herein. »Stört der verd . . . Junge mich wieder!« sagt mein Vater bei sich selbst, und reißt die Tür auf, um mich zu erwischen. Als er aber weder mich noch irgend sonst Jemanden draußen erblicken kann, setzt er sich verdrießlich wieder an seine Arbeit, indem er denkt, ich habe mich aus Furcht vor ihm versteckt. – Nicht lange indessen hat er gesessen, da pocht es zum dritten Mal. Nun lässt seine Heftigkeit ihm keine Ruh mehr; er sucht allenthalben nach mir, um mich für meine vermeinte Unart zu züchtigen, findet mich endlich unten in der Wohnstube bei meiner Mutter und gibt mir hier ohne Weiteres die schönsten Prügel von der Welt. Meine Mutter konnte sich nicht enthalten, ihn zu fragen, ob er denn den Verstand verloren habe, dass er mir so ohne alle Ursache eine so derbe Züchtigung angedeihen lasse. Mein Vater erklärt sich; aber ihm wird sogleich erwidert, dass ich die Stube nicht verlassen habe. – »So ist mein Bruder gestorben!« ruft mein Vater plötzlich aus und wird sogleich still und in sich gekehrt. – Und die nächste Post brachte die Nachricht, dass sein in P. abwesender Bruder in derselben Stunde gestorben und in seiner Todesstunde sehnlichst nach ihm verlangt habe.

9. Das Versprechen der Sterbenden[1]

Der junge Riese hatte sein ganzes Lebensglück an den Besitz seiner geliebten Rosalie gesetzt und gewagt. – Wie es schon in der Jugend überhaupt zu gehen pflegt, dass man, im übergroßen Vertrauen zu sich selbst, keine Warnung der Vergangenheit ehrt, kein Hindernis der Gegenwart achtet und die Treulosigkeit der Zukunft nicht fürchtet, so verließ auch Riese seine Studien, die ihm die besten Aussichten auf eine bedeutende Lebensbahn öffneten, und beschloss, sich und sein junges Weib durch Ausübung der Malerkunst zu erhalten, in der er zwar nicht geringes Talent verriet, die er aber bis jetzt nur zu seinem Vergnügen betrieben hatte.

Auch schien für dies Mal das Schicksal mit treuer Liebe und Genügsamkeit im Bunde. Riese hatte durch die Gunst der Freunde und Gönner mehr Verdienst, als er für seine kleine Haushaltung brauchte, und so konnte er, was unter solchen Umständen überaus angenehm ist, so manches kleine Sümmchen für die zu hoffende Nachkommenschaft, oder wenigstens für unvorhergesehene Vorfälle zurücklegen. – Rosalie stand ihm in diesem Bemühen durch ein äußerst haushälterisches Bestreben treulich bei, und so hatte ihr Gatte die glänzenden Hoffnungen bald vergessen, die er um ihretwillen aufgab.

Allein es überzog sich der früher so heitere Lebenshimmel der beiden jungen Eheleute mit jenem dunkeln Gewölke, das gewöhnlich ein schweres Unwetter zu verkünden pflegt. – Es war nämlich kaum mehr als ein Jahr vergangen, als die sonst immer muntere und rüstige Rosalie zu kränkeln und sichtbar an der Frische des Aussehens sowohl als an der Heiterkeit des Geistes zu verlieren begann. –

Riese, dem in seinem leichten Sinn und dem in seiner Liebe nicht ahnte, dass ein tödlicher Wurm an dem Leben seiner jungen Gattin nagen könne, verwendete gern all' sein Erspartes und Erworbenes, um die Leiden der Geliebten zu mildern; aber sei es, dass sich der Arzt in der Wahl der Mittel vergriff, oder dass das Übel zu tief lag, kurz, Rosalie ward von einem Tage zu dem andern immer schwächer, ja nach dem Verlaufe eines halben Jahres erklärte der Arzt äußerst wenig Hoffnung zu ihrer Rettung zu haben.

Riese fühlte sich nicht stark genug, den Gedanken eines solchen Verlustes zu ertragen; die Verzweiflung ergriff ihn.

Alle die süßen Bilder der Vergangenheit, die ihn früher gleich holden Engeln umringten, wurden jetzt zu quälenden Furien und ergriffen ihn umso mehr, als er von jeher gewohnt war, jede unangenehme Empfindung in sich selbst zu verschließen.

Er saß an dem Sterbebette seiner jungen Gattin mit jenem ungeheuern Schmerze, der weder einer irdischen noch himmlischen Tröstung fähig ist. – Sein Verstand hatte keine Sprache für ihn, sein Herz war zerrissen, nur seine glühende, von jeher vorherrschende Phantasie übte ihre gewaltige, unter ähnlichen Umständen so quälende Macht an dem Zerrütteten aus.

Rosalie lag da mit halbgebrochenem Auge, mit schwer atmender Brust, und für einzelne Augenblicke kehrte ihr Bewusstsein zurück. – In einem solchen sank er, wie in einem Anfall von Raserei, vor dem Bette auf die Knie, fasste ihre feuchte, kalte Hand und rief: »Nein Rosalie! Ich vermag nicht ohne Dich zu leben, rette mich, Du Heilige, aus den Klauen der Verzweiflung, lass mich nicht lange nach Dir schmachten, und führe mich mit treuer Hand – bald, bald aus dieser Erdennacht – zur ewigen Vereinigung!«

In Rosaliens Blicken schien sich ein neues Feuer zu entflammen. – Sie sah lange schweigend in die Augen des Weinenden, drückte seine Hand innig an ihre Brust, lispelte: »Bald – bald! Binnen jetzt und einem Jahre!« – und ging in diesem Augenblicke zu einem bessern Leben über. –

»Beinahe war ein Jahr verflossen«, erzählte mir mein Freund, ein Augenzeuge dieser kläglichen Begebenheit »als jenes Fest einfiel, welches die katholische Kirche für die Seelen der Dahingeschiedenen feiert. – Riese lebte bis zu dieser Zeit, meistens kränkelnd, in häuslicher Zurückgezogenheit, ohne dass er, was bei seinem Temperamente zu fürchten stand, über den erlittenen Verlust gewütet hätte. Vielmehr betrug er sich überhaupt sanft, aber ohne auffallenden Anstrich von Schwermut; nur glaubte man zu bemerken, dass er frömmer geworden sei, und fleißiger, als sonst, die Kirche besuche.

Einer jener selten schönen Tage des Spätherbstes war gleichsam zur Verherrlichung der allgemeinen Seelenfeier über uns aufgegangen. Riese selbst forderte mich, der dortigen Sitte gemäß, auf, mit ihm den ziemlich entfernten Gottesacker zu besuchen, und wir gingen, als ich ungern gewährt hatte, in einer Stimmung und in einem Gespräche, das der Feier jenes Tages angemessen war, durch die strömende Menschenmenge dem Kirchhofe zu. Es fand dort, eben, als wir ihn betraten, die Einsargung eines jungen Weibes statt, um die vier herzige Kleinen schrien und weinten. – Der Mann stand totenblass, mit zitternden Lippen, am Grabe, doch in seinem Auge suchte man vergebens eine Träne. – Die herzzerreißende Ceremonie war vorüber, und wir gingen weiter. –

Am Grabe seiner Gattin, welches ein einfaches Denkmal bezeichnete, blieb Riese stehen. – Ich bemerkte eine erschütternde Bewegung seines Innern; plötzlich rief er, wie von freudigem Schrecken durchschauert: ›siehst Du nicht das Grab geöffnet? Rosalie hat Wort gehalten!‹ Ich wollte ihn aufrichten, aber er hing ohnmächtig in meinen Armen. –

In einem Mietwagen, welche die Toten zu begleiten pflegen, brachte ich ihn jetzt nach Hause. – Ein Nervenfieber ergriff meinen unglücklichen Freund, und an demselben Tage, in derselben Stunde, wo Rosalie verschieden war, hatte auch er ausgelitten.«

Anmerkung

1 Storm hat das Adjektiv »furchtbar«, das der Schreiber dem Wort »Versprechen« beigefügt hatte, und ebenso den Zusatz »wahre Geschichte« gestrichen.

10. Die Dokumente[1]

Mr. R–d von Bowland, ein Gutsbesitzer im Galatale[2] hatte einen Prozess wegen einer bedeutenden Summe, die aus den Rückständen des Zehnten erwachsen war, auf den eine adelige Familie Anspruch erhob. Mr. R–d stand in der festen Meinung, dass sein Vater die gesetzpflichtigen Ländereien von dem Inhaber des Zehnten unter einer, dem schottischen Recht eigentümlichen Form erkauft habe, welche jede Ansprüche aufhebt; aber vergebens durchsuchte er alle Papiere seines Vaters, so wie die öffentlichen Akten, es war ihm unmöglich, die Dokumente aufzufinden, welche den Beweis für seine Meinung enthielten. Der Zeitpunkt kam jetzt heran, wo er den Verlust seines Prozesses unvermeidlich voraussah, und er hatte schon den Beschluss gefasst, des anderen Tages nach Edinburgh zu reisen, um einen Vergleich zu treffen, so gut er konnte. Mit diesem Entschluss ging er, alle Umstände seines Rechtshandels lebhaft vor Augen, zu Bett und hatte folgenden Traum: Sein Vater, der viele Jahre tot war, erschien, und fragte ihn, wodurch sein Geist beunruhigt werde. Im Traume haben solche Erscheinungen nichts Befremdendes. Mr. R–d unterrichtete seinen Vater von der Ursache seiner Besorgnis, und fügte hinzu, dass es ihm umso drückender sei, eine so bedeutende Summe zu verlieren, da er die festeste Überzeugung hege, dass er sie nicht schulde, obwohl er umsonst Beweismittel gesucht habe, die er vor Gericht geltend machen könne. »Du hast Recht, mein Sohn«, antwortete der väterliche Schatten, »ich erwarb das Recht auf diesen Zehnten, zu dessen Zahlung man Dich jetzt zwingen will. Die Papiere, die sich auf diesen Fall beziehen, sind in den Händen des Mr. –, eines Schreibers, der sich jetzt von den Geschäften zurückgezogen hat, und zu Inveresk[3] bei Edinburgh wohnt. Dieser Mann wurde, obschon ich sonst kein

Geschäft mit ihm hatte, aus besonderen Gründen gerade in diesem Falle von mir gebraucht. Es ist sehr möglich«, fuhr die Erscheinung fort, »dass Mr. – eine Sache, die so lange her ist, gegenwärtig vergessen hat; aber Du kannst sie ihm dadurch ins Gedächtnis zurückrufen, dass Du ihn daran erinnerst, dass wir Schwierigkeiten fanden, ein portugiesisches Goldstück zu wechseln, und dafür genötigt waren, das Aufgeld in einem Wirtshause miteinander zu vertrinken.« – Mr. R–d erwachte des Morgens, alle Worte der Erscheinung treu im Gedächtnisse, und hielt es der Mühe wert, statt gerade nach Edinburgh zu gehen den Umweg über Inveresk zu machen. Als er dort anlangte, besuchte er den Herrn, auf welchen der Traum sich bezog, einen sehr bejahrten Mann, und fragte ihn, ohne seiner nächtlichen Erscheinung im Geringsten zu erwähnen, ob er sich nicht erinnere, für seinen Vater dieses und jenes Geschäft geführt zu haben. Der alte Herr konnte sich Anfangs nicht gleich entsinnen, bei der Erwähnung des portugiesischen Goldstückes kehrte ihm aber das Ganze ins Gedächtnis zurück; er suchte sogleich nach den Papieren und fand sie; und Mr. R–d brachte die Dokumente, durch welche er seinen Prozess gewinnen musste, den er schon verloren glaubte, nach Edinburgh mit.

Anmerkungen

1 Ursprüngliche Überschrift »Wunderlicher Traum« von Storm gestrichen und durch »Die Dokumente« ersetzt.
2 Bowland: Kleiner Ort im Galatal, ca. 4 km nordwestlich von Galashiels; Galatal: Gala ist ein Nebenfluss des Tweed (Schottland).
3 Inveresk: Kleiner Ort ca. 10 km östlich von Edinburgh.

11. Der verhinderte Mord

Herr Thornton[1], von Fulham[2] (bei London) träumte eines Nachts, er sähe seinen Gärtner im Begriff, seine Köchin zu ermorden. Er erwacht, sucht sich aber die Erscheinung aus dem Sinn zu schlagen und wieder einzuschlafen. Kaum aber haben sich seine Augen geschlossen, als sich ihm dasselbe schauderhafte Gemälde aufs Neue darstellt. Erschreckt durch die außerordentliche, deutliche und wiederholte Warnung, steht er schnell auf, nimmt sein Nachtlicht in die Hand, verlässt sein Zimmer, und geht die Treppe hinab, um sich an die Stelle zu begeben, wo sich, seinem Traum zufolge, die Tat ereignen sollte. Es war ungefähr 4 Uhr. Der Morgen war klar und kalt. Der Mond schien helle. Man denke sich sein Erstaunen, als er, auf seinem nächsten Wege in den Garten, die Küche betritt, und in derselben die Köchin in einem weißen Anzuge und im Begriff findet, ihren Hut aufzusetzen und den Mantel umzulegen, als bereite sie sich zu einer Reise. Als er fragt, was sie zu einer so ungewöhnlichen Stunde und in einem solchen Anzuge hier tue, gesteht sie, dass sie im Begriff stehe, den Gärtner zu heiraten, dass sie zu dem Ende nach einem nahen Dorfe fahren wollten, und dass Markus sie am Ende des Gartens mit einem Pferde und Karren erwarte, um sie zur Kirche zu fahren. Herr Thornton versetzte hierauf, er könne natürlich gegen ihre Heirat nichts einzuwenden haben, obgleich er ihr das heimliche Verfahren dabei verwies, und befahl ihr, noch ein paar Minuten zu warten, bis er zurückkäme, weil er erst mit Markus sprechen wollte. Er eilte nun sogleich in den Garten, denn er zweifelte sehr an der redlichen Absicht des Liebhabers, und das Zusammentreffen seines Traumes und die Vorbereitungen, die er machen sah, fielen ihm nicht wenig auf. Zuerst begab er sich ans Ende des Gartens, an die ihm von der Magd bezeichnete Stelle, wo Markus ihrer warten sollte. Alles war still – hier war kein Markus, kein Pferd, kein Karren. Er ging darauf nach der ihm im Traume vorgekommenen Stelle, und fand daselbst einen sehr verdächtigen Auftritt, denn er erblickte einen Mann, der ihm den Rücken zuwendete, und mit unveränderter, emsiger Hand in einer Grube arbeitete. So wie er in der Grube stand, schien sie ungefähr viertehalb Fuß tief, fast eben so breit, und an 6 Fuß lang zu sein; sie hatte alle Merkmale eines Grabes. Herr Thornton näherte sich dem Manne leise und ergriff ihn plötzlich mit starker Hand bei der Schulter. – Es war der Gärtner Markus, er wandte sich um, erblickte schaudernd seinen Herrn und sank ohnmächtig nieder. –

Anmerkungen

1 Thornton: Hier Eigenname; auch: Ortschaften bei Edinburgh und in Yorkshire.
2 Fulham: Im Südwesten liegender Stadtteil von London.

12. Der kürzeste Weg

Gluck und Salieri arbeiteten gemeinschaftlich an dem Melodrama »Das jüngste Gericht«[1]. Lange hatte Ersterer über die Art nachgedacht, wie er den Heiland wollte singen lassen. Er fragte endlich Salieri um Rat; auch dieser zeigte ihm von seiner Seite die nämliche Verlegenheit. »Nun denn«, antwortete der Componist der Iphigenia, »weil wir den Ton nicht wissen, aus dem wir den Weltheiland können singen lassen, so will ich das Kürzeste nehmen und in vierzehn Tagen selbst zu ihm gehn.« – Acht Tage darauf starb Gluck.

Anmerkung

1   Gluck: Christoph Willibald Gluck (1714–1787), Komponist, seit 1750 in Wien, dort am 15. November 1787 gestorben. Die weiter unten genannte Oper »Iphigenia« kann entweder die »Iphigenia in Aulis« (1774) oder die »Iphigenia in Tauris« (1779) sein; sein Oratorium »Das jüngste Gericht« vollendete Salieri. – Salieri: Antonio Salieri (1750–1825), Komponist, seit 1773 Hofkapellmeister in Wien.

13. Der Dreizehnte*

In der Universitätsstadt K. saßen am Neujahrsabend 18-- eine Anzahl Studenten bei der dampfenden Punschbowle in allerlei Gesprächen zusammen, um so die Scheidestunde des alten Jahres zu erwarten. Plötzlich sprang Einer von ihnen auf und rief: »Das hol der Teufel! Sitzen wir da in der Neujahrsnacht selbst dreizehn zu Tisch!« Keiner hatte bisher daran gedacht und es entspann sich jetzt ein lebhaftes Gespräch über dies alte Thema. »Der Tod ist doch ein gefährlicher Paukant«[1], sagte Einer, »ich mag nicht mit ihm contrahieren!« – »Wer will der Dreizehnte sein?« rief ein Andrer. – »Das will ich!« rief der junge Baron von L., ein wilder jugendübermütiger Gesell, »ich brumme dem Tod einen Infamen[2] auf, und hoffe er wird Revanche geben!« – Es ward totenstill unter den ausgelassenen jungen Leuten. –

In dem neuen Jahre wurde der Baron von L. im Duell erschossen.

Anmerkungen

1 Paukant (Studentensprache): Fechter in der Mensur.
2 Infamen (Studentensprache): Von lat. infamis – verrufen, niederträchtig; hier offenbar ein Fechthieb, der nicht zu parieren ist, der den Gegner unweigerlich trifft.

14. Die Krankheit der Mutter*

Erzählt von H. X.

Eines Morgens im vorigen Herbste kam meine Frau mit den Worten auf mich zu: »Ich habe heut Nacht einen wunderbaren Traum gehabt, wenn ich es anders so nennen darf, denn ich möchte drauf schwören, ich sei rundum wach gewesen.« – »Und was hast Du denn geträumt?« fragte ich ängstlich, da ich sah, dass meine sonst so ruhige und besonnene Frau in augenscheinlicher Aufregung war.

»Mir träumte«, sagte sie, »oder mir war es vielmehr wirklich so, als wenn Mutter zur Tür hineinkäme und an mein Bett träte; dann warf sie sich mit beiden Armen über mich und küsste mich lange, lange! Wenn ihr nur nichts widerfahren ist.«

Ich suchte meiner Frau ihre Furcht auszureden und ihr zu bedeuten, dass dies Gesicht, wenn auch kein eigentlicher Traum, so doch höchstens die Wirkung eines Alpdrucks gewesen sei. Es wollte indes nicht helfen und nach einigen Tagen erhielten wir wirklich die Nachricht, dass die eine Tagereise entfernt wohnende Mutter an einer heftigen Krankheit darniederliege; indes bereits außer aller Gefahr sei. Meine Frau fand hierin eine Bestätigung ihres Gesichtes und war nun mehr beruhigt.

Im folgenden Sommer machten wir der jetzt völlig genesenen Mutter einen Besuch und die Rede kam, wie sich von selbst versteht, auch auf die überstandne schwere Krankheit derselben. Frisch und heiter, wie sie jetzt war, suchte sie uns einzureden, als wenn es doch so gefährlich nicht gewesen wäre. »Ach«, sagte die zweite Schwester meiner Frau, »denk Mutter nur an die eine schlimme Nacht, als Mutter so phantasierte, und im Bett in die Höhe kam und die Hände ausstreckte und weinte und immer von Maria Abschied nahm!« Bei diesen Worten wurde meine Frau (Maria) ganz still und auch mir fiel plötzlich ihre Vision aus jener Zeit ein. Ich erkundigte mich nun genau nach Zeit und Stunde und musste erfahren, dass jene Nacht eben dieselbe war, worin die Gestalt ihrer Mutter sich über das Bett meiner Frau gebeugt und geweint und sie geküsst hatte.

15. Ein unbewohnbares Haus*

Erzählt von Frau E. S.

In Hamburg gab es wenigstens vor dem Brande[1] viele hässliche Häuser, in denen kein Bewohner es auszuhalten vermochte. In einem derselben fand die erste Frau des Kaufmanns S. auf eine furchtbare Weise ihren Tod. Wo dasselbe belegen[2], kann ich mich jedoch nicht mehr erinnern.

Genug, in der Abwesenheit des Herrn S. kam einmal in einer Gesellschaft, welcher seine Frau beiwohnte, die Rede auf dies Haus, und dass es keiner darin auszuhalten vermöge. Da behauptete Madam S., sie kenne keine Furcht und wolle es unternehmen eine Nacht in diesem Hause allein zu schlafen. Man widersprach, und stritt umher, so dass sie am Ende auf die wirkliche Ausführung dieses Vorsatzes bestand. Alle Überredungen, sie davon abzubringen, blieben fruchtlos; man musste nachgeben. Einige Abende nachher war demnach in dem alten unbewohnten Hause ein Schlafzimmer für die Madam S. in wohnlichen Zustand gesetzt und sah wirklich recht freundlich aus. Stühle, Tische, Spiegel, alles war herbeigeschafft, um jeden Anstrich des Unheimlichen zu verbannen; auf dem Tische brannten zwei helle Kerzen ... So fand Madam S. das Zimmer vor, welches sie des Abends um 11 Uhr, begleitet von ihren Freunden, betrat; sie legte ihre Bibel aufgeschlagen auf den Tisch und die Andern verließen dann das Haus.

Die Nacht verging; es wurde Mittag; die Türe des alten Hauses rührte sich nicht; man erwartete die mutige junge Frau vergebens zurück. Da fing man an zu fürchten, erbrach die verschlossene Tür, und ging ins Haus. In den öden Vordielen und Sälen war alles still und tot und beklommen. Als man in das Schlafgemach der Madam

S. kam, fand man sie scheußlich entstellt aber noch lebend vor ihrem Bette liegen. Entsetzen lähmte allen die Zunge; endlich fragte man sie, was geschehen. Mit kaum vernehmbarer Stimme antwortete sie, was diese Nacht mit ihr geschehen, könne nie über ihre Lippen kommen; das aber wolle sie nur sagen, dass Niemand Gott versuchen solle.

Sie verschied bald darauf mit Hinterlassung einer dreijährigen Tochter, die noch als Kind gestorben ist. Herr S. hat sich wieder verheiratet.

Anmerkungen

1 vor dem Brande: Im Mai 1842 verwüstete eine große Feuersbrunst Teile der Stadt Hamburg. Von Storm selbst ist dieser Passus handschriftlich nachträglich hinzugefügt; er bestätigt (als terminus post quem) unsere im Kommentar S. 154 begründete Datierung der Niederschrift der Gespenstergeschichten nach 1842.
2 belegen: gelegen.

16. Die Versöhnung

⟨*Monatliche Unterredungen vom Reich der Geister*⟩¹

Als nun das Jahr 1705 der Herzog von Sachsen-Eisenberg, Christianus², welcher 1707 im April verstorben, sich des Mittags in seinem Cabinet aufs Bette zur Ruhe gelegt hatte, und in unterschiedenen geistlichen Betrachtungen begriffen war, klopfte etwas an die Türe des Cabinets. Wiewohl nun der Herzog nicht begreifen konnte, wie solches zuginge, indem doch die Wache, und andere Bedienten vor dem Zimmer waren, so rief Er dennoch, herein! da denn eine Weibsperson, Namens Anna, eines Churfürsten zu Sachsen Tochter, in altväterlicher³ Tracht herein trat. Als der Herzog, welcher sich in die Höhe gerichtet hatte, und mit einem kleinen Schauer befallen war, dieselbe gefraget, was ihr Begehren sei, antwortete sie ihm: »Entsetze dich nicht, ich bin kein böser Geist, dir soll nichts Übels widerfahren.« Hierauf verschwand sogleich alle Furcht bei dem Herzog, dass er sie weiter fragte, wer sie wäre. Sie gab ihm zur Antwort: »Ich bin eine von deinen Vorfahren, und mein Gemahl ist eben der gewesen, der du jetzo bist, nämlich Herzog Johann Casimir von Sachsen-Coburg⁴; wir sind aber schon vor 100 Jahren verstorben.« Als nun der Herzog ferner nachforschte, was sie denn bei ihm zu suchen hätte, ließ sie sich folgendermaßen vernehmen: »Ich habe eine Bitte an dich, nämlich mich und meinen Gemahl, weil wir uns vor unserm Ende wegen einer gehabten Zwistigkeit nicht ausgesöhnt, gleichwohl aber beide auf das Verdienst Jesu gestorben sind, zu dieser von Gott bestimmten Zeit, miteinander zu versöhnen. Ich befinde mich zwar wirklich in der Seligkeit, jedoch genieße ich noch nicht das völlige Anschauen Gottes, sondern bin bisher in einer stillen und angenehmen Ruhe gewesen; mein Gemahl aber, welcher sich bei meinem Tod nicht mit mir versöhnen wollte, solches aber hernach bereut, und in wahrem, obwohl schwachen Glauben an Jesum Christum die Welt verlassen, hat bisher zwischen Zeit und Ewigkeit, in Finsternis und Kälte, jedoch nicht ohne Hoffnung zur Seligkeit zu gelangen, sich befunden.« Als nun der Herzog viele Einwürfe dawider machte, widerlegte solche der Geist, als hieher nicht gehörig, und sie nicht angehend, sagte auch, dass, so bald er in die Ewigkeit gekommen, er gar wohl erkannt habe, dass einer von ihren Nachkommen bestimmt wäre, ihnen beiden zur Versöhnung zu verhelfen, wie er denn noch mehr sei erfreut worden, da er ihn, den Herzog, als ein Werkzeug Gottes, hierzu erkannt habe. Endlich gibt der Geist dem Herzog 8 Tage Bedenkzeit, nach deren Verlauf er um diese Stunde wiederkommen, und seine Erklärung erwarten wollte, und verschwand darauf vor seinen Augen. Nun stand der Herzog mit einem 14 Meilen von ihm entfernten Theologo, nämlich dem Superintendenten Hofkunzen zu Torgau, in besonderer Vertraulichkeit, sogar, dass er mit demselben in geistlichen, weltlichen, und philosophischen, ja auch Regierungssachen durch expresse Staffetten[5] zu correspondieren pflegte. Zu diesem gelehrten Mann fertigte er alsobald jemand ab, erzählte demselben schriftlich die gehabte Erscheinung mit allen Umständen, und begehrte seinen Rat und Gutachten, ob er dem Geist in seinem Antrag willfahren sollte, oder nicht. Dem Theologo wollte anfänglich diese Sache ziemlich verdächtig, und, wie gewöhnlich, als ein Traum vorkommen, dass er daher sich anfänglich nicht sogleich darein zu finden wusste. Nachdem er aber die sonderbare Frömmigkeit des Fürsten, dessen große Erkenntnis und Erfahrung in geistlichen Sachen, sein zartes Gewissen und zugleich den Umstand, dass sich der Geist am hellen Tage bei Sonnenschein sehen lassen, wohl bei sich erwogen, machte er sich kein Bedenken, dem Herzog folgende Antwort zu erteilen: »Woferne der Geist von ihm keine abergläubische, nach dem Worte Gottes zuwiderlaufende Ceremonien oder andre Umstände verlangte, und er, der Herzog, sich mit genugsamem Mut zu einer solchen Handlung versehen wüsste, so wollte er ihm eben nicht abraten, dem Geist seine Bitte zu gewähren. Doch sollte er dabei mit inbrünstigem Gebet anhalten, auch zu Verhütung allen Betrugs, den Zugang seines Zimmers und Cabinets durch die Wache und Bedienten wohl bewachen lassen.« Der Herzog ließ inzwischen in den Jahrbüchern nachschlagen, und befand alles in der Wahrheit gegründet, was der Geist gesagt hatte, sogar dass auch die Kleidung der begrabenen Fürstin, und des erschienenen Geistes gar genau miteinander übereingekommen. Da nun die bestimmte Stunde herbeikam, legte sich der Herzog wieder auf das Bette, nachdem er der Wache vor dem Zimmer scharfen Befehl gegeben, keinen einzigen Menschen hinein zu lassen; und wie er selbigen Tag mit Beten, Fasten und Singen angefangen hatte, also erwartete er den Geist unter währendem Bibellesen, welcher sich auch genau[6] um eben dieselbe Stunde, wie vor 8 Tagen eingestellet, und endlich auf des Herzogs Rufen »Herein!« in voriger Kleidung in das Cabinet getreten. Gleich Anfangs fragte derselbe den Herzog, ob er sich entschlossen habe ihrem Verlangen ein Genüge zu leisten, worauf dieser zur Antwort gab: Woferne ihr Begehren nicht wider Gottes Wort liefe, auch sonst nichts Abergläubisches bei sich führte, wollte er es in Gottes Namen tun, und möchte sie ihm nur deutlich anzeigen, wie er sich dabei verhalten sollte. Auf diese Erklärung ließ sich der Geist folgender Gestalt vernehmen: »Es ist nichts wider Gottes Wort, und verhält sich die Sache also: Mein Gemahl hatte mich bei meinen Lebzeiten unschuldiger Weise wegen Untreue im Verdacht, weil ich mich mit einem frommen Cavalier manchmal insgeheim von geistlichen Sachen unterredete. Er fasste deswegen einen unversöhnlichen Hass gegen mich, welcher so heftig war, dass ob ich schon meine Unschuld genugsam darlegte, ja auf meinem Todbette ihn zur Versöhnung bitten ließ, dennoch derselbe weder seinen Hass noch Argwohn fahren zu lassen, noch zu mir zu kommen, sich entschließen wollte. Weil ich nun alles bei der Sache getan, was ich tun konnte, starb ich zwar im wahren Glauben auf meinen Heiland, gelangte auch in die ewige Ruhe und Stille, genieße aber das völlige Anschauen Gottes noch nicht. Mein Gemahl hingegen, wie gedacht, bereute zwar seine Unversöhnlichkeit gegen mich nach meinem Tode, und starb endlich auch in wahrem Glauben, doch ist er bisher zwischen Zeit und Ewigkeit in Angst, Kälte und Finsternis gewesen. Nunmehr aber ist die von Gott bestimmte Zeit gekommen, dass du uns hier auf dieser Welt miteinander aussöhnen, und uns dadurch zu unserer vollkommenen Seligkeit befördern sollst.« »Was soll ich aber hiebei tun, und wie verhalte ich mich eigentlich bei der Sache?« fragte der Herzog, und erhielt vom Geist diese Antwort: »Künftige Nacht halte dich fertig, da wollen ich und mein Gemahl zu dir kommen, (denn ob ich gleich am Tag komme, so kann doch solches mein Gemahl nicht tun) und soll ein jedes bei dir die Ursachen der uns obwaltenden Uneinigkeit erzählen; alsdann sollst du das Urteil sprechen, welches von uns recht habe, unser beider Hände zum Zeichen der Versöhnung in einander legen, den Segen des Herrn über uns sprechen, und hierauf Gott mit uns loben.« Nachdem der Herzog dieses zu tun versprochen, verschwand der Geist, der Herzog aber verharrete in seiner Andacht bis den Abend, da er seiner Wache nachdrücklich anbefahl, sowohl keinen Menschen in das Zimmer zu lassen, als auch Achtung zu geben, ob sie etwas würden reden hören. Hierauf ließ er zwei Wachslichter anzünden, und auf den Tisch setzen, auch die Bibel und das Gesangbuch herbeibringen, und erwartete also, wenn die Geister ankommen würden. Diese stellten sich auch nach eilf Uhr ein, und zwar kam die Fürstin, wie zuvor, in lebhafter Gestalt herein getreten, und erzählte nochmals dem Herzog die Ursache ihrer Zwistigkeit; alsdann kam auch der Geist des Fürsten in ordentlicher fürstlicher Tracht herein, wiewohl ganz blass und totenhaft aussehend, und gab dem Herzog ganz einen andern Bericht von ihrer gehabten Uneinigkeit. Der Herzog fällte hierauf das Urteil, dass der Geist des Fürsten unrecht habe, welches auch dieser selbst bejahet, und gesprochen: »Du hast recht geurteilt.« Hierauf nimmt der Herzog die eiskalte Hand des Fürsten, legt sie in der Fürstin ihre Hand, welche recht natürliche Wärme gehabt, und spricht den Segen des Herrn über sie, wozu sie beide das Amen sagen; alsdann fängt der Herzog den Gesang »Herr Gott dich loben wir« an zu singen, da ihm dann gedeucht, als höre er sie wirklich alle Beide mitsingen; nachdem solches Lied zu Ende gebracht, sagt die Fürstin zum Herzog: »Den Lohn wirst du von Gott bekommen, und bald bei uns sein.« Worauf sie beide verschwunden. Von dieser Unterredung hat die Wache nichts als die Worte des Herzogs gehört, welcher, wo ich nicht irre, ein Jahr darauf verstorben, und sich aus geheimen Ursachen, in ungelöschtem Kalk begraben lassen. So weit diese Erzählung.

Anmerkungen

1 Die Quellenangabe »Monatliche Unterredungen vom Reich der Geister« hat Storm zunächst – wie bei anderen Gespenstergeschichten – handschriftlich unter den Titel gesetzt, dann aber wieder durchgestrichen (vgl. Anm. 1 zu Nr. 6). Storms Vorlage ist hier – wie in Nr. 6 – J. H. Jungs »Theorie der Geisterkunde« (Nürnberg 1808), Seite 317–323, wo Jung die Fundstelle der Geschichte mit folgenden Worten angibt: »Sie steht in den monatlichen Unterredungen vom Reich der Geister, Leipzig bey Samuel Benjamin Walther 1730, im zehenden Stück, S. 319 u. f., ich will sie hier wieder so einrücken, wie ich sie in ihrem damaligen Styl in gedachtem Buch finde.« Da Jung auch die sehr altertümliche Zeichensetzung seiner Vorlage übernommen hat, musste hier – häufiger als in anderen Texten – die Zeichensetzung der heutigen wenigstens soweit angeglichen werden, dass der Text lesbar wird.
2 J. H. Jung erklärt die komplizierten Herrschafts- und Besitzverhältnisse im damaligen Sachsen S. 317 folgendermaßen: »Das Fürstenthum Sachsen-Altenburg wurde gegen Ende des siebenzehnten Jahrhunderts in drey Theile zerstückt, wovon ein Theil zu Gotha, das andere zu Saalfeld gehörte, und das dritte nähmlich Eisenberg, bekam seinen eigenen Herrn, dessen Familie aber mit Herzog Christian im Jahr 1707 wieder ausstarb, wo dann Eisenberg wieder zu Gotha kam.«
3 altväterlich: In der Handschrift steht fälschlich »allväterlich«; hier korrigiert nach der Vorlage (vgl. Anm. 1 zu Nr. 6).
4 Herzog Johann Casimir von Sachsen-Coburg starb 1633.
5 durch expresse Staffetten: durch Eilboten (zu Pferd).
6 genau: Von Storm gegen die Vorlage aus »accurat« korrigiert.

17. Die Todesbotschaft

Sir John Sherbroke[1] und General Wynyard dienten als junge Männer in demselben Regimente, welches zu jener Zeit außer Landes stand. Beide waren dem Studium ergeben und brachten einen großen Teil der müßigen Stunden in literarischen Beschäftigungen zu, welche die andern Offiziere in unmässigem Zechen verloren, welches vor etlichen und vierzig Jahren als ein unentbehrlicher Zug im Militaircharakter betrachtet ward. Eines Nachmittags saßen beide in Wynyards Zimmer beisammen. Es war erst vier Uhr und vollkommen helle; sie hatten zu Mittag gegessen, aber keiner von ihnen hatte Wein getrunken, und sie hatten sich von dem Offizierstisch entfernt, um in ihrer Morgenbeschäftigung fortzufahren. Das Zimmer, worin sie sich befanden, hatte zwei Türen, wovon die eine nach dem Flur[2] sich öffnete und die andere in Wynyards Schlafstube führte. Nur durch jenen Flur (oder Gang) konnte man in das Wohnzimmer kommen, und man konnte die Schlafstube nicht anders verlassen als durch dasselbe Zimmer; so dass, wenn irgend Jemand in das Schlafzimmer gegangen war, er entweder da bleiben musste, oder er kehrte auf demselben Wege zurück. – Dieser Punkt ist in der Erzählung von Wichtigkeit. – Die beiden Offiziere verfolgten ihre Studien, als Sherbroke, dessen Augen sich zufällig vom Buche gegen die äußere Tür wandten, einen hohen Jüngling von ungefähr 20 Jahren, und äußerst ausgemergeltem Ansehen gewahrte, der neben derselben stand. Erstaunt über die Gegenwart eines ihm gänzlich fremden Menschen, wandte er sich sogleich an seinen Freund, der neben ihm saß, und machte ihn auf den Gast aufmerksam, der so unvermutet ihr Lesen unterbrochen hatte. Sobald Wynyards Augen den geheimnisvollen Gast erblickten, veränderte sich sein Gesicht auf eine auffallende Art. »Ich habe oft gehört«, erzählte

Sherbroke, »ein Mensch sei todblass geworden, nie aber sah ich das Gesicht eines Lebenden eine Totengestalt annehmen, als Wynyards in diesem Augenblicke.« – Während sie die Gestalt stillschweigend anblickten, – denn Wynyard, welcher den Grund der Erscheinung sogleich ahnete, war sprachlos geworden, und Sherbroke, der seines Freundes Bewegung sah, fühlte keine Lust, dieselbe anzureden, – als sie die Gestalt also stillschweigend anblickten, bewegte sie sich langsam in das anstoßende Zimmer, und warf im Vorübergehen die Augen mit einem Ausdruck von trauriger Liebe auf den jungen Wynyard. Kaum war der Druck dieser außerordentlichen Gegenwart entfernt, als Wynyard seinen Freund beim Arm ergriff und tief aufatmend, und sich von der Schwüle erholend, worin tiefes Erstaunen und ängstliche Bewegung ihn gehalten, mit kaum hörbarer Stimme murmelte: »Großer Gott! mein Bruder!« – »Dein Bruder!« wiederholte Sherbroke, »was meinst du damit, Wynyard? Es muss irgend ein Betrug dahinterstecken. Folge mir.« Hiermit ergriff er seinen Freund beim Arme und zog ihn ins Schlafzimmer, welches, wie vorhergesagt, mit dem Wohnzimmer in Verbindung stand, und wohin der Fremde augenscheinlich gegangen war. Es gab, wie wir wissen, keinen andern Ausweg aus jenem Zimmer und sie waren gewiss, dass die Gestalt nicht durch das Wohnzimmer zurückgekommen war. Man denke sich also das Erstaunen der jungen Offiziere, als sie Niemand in dem Zimmer fanden. Wynyard war es gleich beim ersten Erscheinen der Gestalt eine ausgemachte Sache gewesen, dass sie der Geist seines Bruders wäre. Sherbroke aber beharrte noch immer bei der Meinung, dass irgend ein Betrug bei der Sache herrsche. Indessen schrieben sie sich den Tag und die Stunde nieder, wo sich die Begebenheit ereignet; aber sie beschlossen, die Sache nicht unters Regiment kommen zu lassen, und nach und nach überredeten sie sich einander, dass ihnen von irgend einem Kameraden ein Streich gespielt worden, obgleich sie weder auf eine Ursache dazu, noch auf den Urheber denken, oder die Mittel begreifen konnten, wie es ausgeführt worden. Obgleich sie aber sich diesen Selbstbetrug gespielt, so konnte doch Wynyard seine Besorgnisse um seinen Bruder nicht unterdrücken, dessen Geist er entweder gesehen, oder doch gesehen zu haben glaubte; und das Verlangen, das er nach Briefen von England bezeugte, und die öftern Äußerungen seiner Besorgnisse um seines Bruders Gesundheit, erregten endlich die Neugierde der übrigen Offiziere und verleiteten ihn zuletzt zur Entdeckung der Begebenheit, die er sich umsonst zu verschweigen vorgenommen hatte. Die Geschichte von dem stillen ungeladenen Gaste war kaum laut geworden, als das Schicksal von Wynyards Bruder das allgemeinste und ängstlichste Interesse bei den Offizieren des Regiments erregte; es gab wenige darunter, die nicht nach Wynyards Briefen gefragt hätten, ehe sie nach den eigenen fragten, und sie sahen den von England kommenden Paketböten mit größerem Verlangen entgegen, da sie ihnen nicht allein Nachrichten von ihren Freunden in der Heimat mitbrachten, sondern auch die Auflösung des Geheimnisses mitzubringen versprachen, das sich unter ihnen ereignet hatte. Mit den ersten Schiffen ließ sich nichts darauf Bezug habendes erwarten, da sie alle England vor dem Erscheinen des Geistes verlassen hatten. Endlich kam das längst erwartete Fahrzeug; alle Offiziere fanden Briefe außer Wynyard. Noch immer also war man im Dunkeln. Sie durchsahen die verschiedenen Zeitungen; sie enthielten aber keinen Todesfall oder irgend etwas Anderes, das auf die Familie Bezug hatte und die außerordentliche Erscheinung hätte erklären können. Ein einziger Brief an Sherbroke blieb noch uneröffnet. Die Offiziere hatten ihre Briefe im Speisezimmer beim Abendessen erhalten. Nachdem er das Siegel von seinem letzten Paket erbrochen und einen Blick hineingeworfen hatte, winkte er seinem Freund und verließ mit ihm die Gesellschaft. Alles war still. Die Erwartung war nun aufs Höchste gesteigert; die Ungeduld nach Sherbroke's Rückkehr war unbeschreiblich. Sie zweifelten nicht, dass jener Brief die langerwartete Nachricht gebracht habe. Nach ungefähr einer Stunde stellte sich Sherbroke wieder ein. Keiner erlaubte sich die Freiheit, ihn um den Inhalt seiner Korrespondenz zu befragen; aber sie harrten in stummer Erwartung, in der Hoffnung, er werde den Gegenstand selbst berühren. Schmerzhafte Gedanken schienen offenbar seine Seele zu ängstigen und zu beklemmen. Er trat ans Fenster und indem er seinen Kopf auf das Gesimse legte, sagte er nach einer Pause von einigen Augenblicken mit unterdrückter Stimme zu dem zunächst Stehenden: »Wynyards Bruder ist nicht mehr!« Die erste Zeile in Sherbroke's Brief war: »Lieber John, suche deinem Freund Wynyard den Tod seines Lieblingsbruders beizubringen.« – Er war an demselben Tage und in derselben Stunde verschieden, wo die Freunde hatten seinen Geist so geheimnisvoll durchs Zimmer schreiten sehen.

Man hätte denken sollen, dass diese Begebenheiten für Sherbroke würden überzeugend gewesen sein; aber so groß war sein Vorurteil gegen das Dasein, ja selbst die Möglichkeit eines übernatürlichen Umgangs mit den Seelen der Toten, dass er noch immer das Zeugnis seiner Sinne, so sehr auch der Erfolg dasselbe bekräftigte, bezweifelte. Als er einige Jahre nachher, nach seiner Rückkehr nach England, mit zwei Herren durch Picadilli[3] ging, erblickte er auf der entgegengesetzten Seite einen Menschen, welcher der Gestalt, die ihm und Wynyard erschienen war, ungemein ähnlich sah. Seine Begleiter waren mit der Geschichte bekannt; und er erklärte ihnen augenblicklich, dies sei der Mann, welcher auf eine ihnen unbegreifliche Weise in Wynyards Zimmer gekommen war und dasselbe verlassen hatte. Von diesem Gedanken eingenommen, ging er sogleich hinüber und redete den Fremden an; er hoffte nun gewiss einen vollen Aufschluss über das Geheimnis zu erhalten. Er bat wegen seiner Zudringlichkeit um Vergebung und brachte seine Entschuldigungen vor. Der Fremde empfing ihn als einen Freund. Er war nie außer Landes gewesen, war aber der Zwillingsbruder des Jünglings, dessen Geist er gesehen hatte.

Anmerkungen

1   Sherbroke: Der Viscount Sherbrooke (1811–1892) wird hier nicht gemeint sein (er war 1840 Rechtsanwalt in London, 1868 Schatzkanzler).
2   In der Handschrift steht »nach der Flur«: Flur war im älteren Sprachgebrauch noch weiblich, heute männlich: der Flur, der Korridor (später »die Flur« nur als Bezeichnung für Wiesen und Äcker).
3   Picadilli: Piccadilly, Geschäftsstraße im Zentrum Londons.

18. Der Tropfenfall

Erzählt von Hoffmann[1]

Vor einiger Zeit stieg ich auf der Reise in einem Gasthof ab, dessen Wirt mir ein hohes, freundliches Zimmer einräumte. Mitten in der Nacht erwachte ich plötzlich aus dem Schlafe. Der Mond warf seine hellen Strahlen durch die unverhüllten Fenster, so dass ich alle Möbeln, auch den kleinsten Gegenstand im Zimmer deutlich erkennen konnte. Da gab es einen Ton, wie wenn ein Regentropfen hinabfiele in ein metallnes Becken. Ich horchte auf! – In abgemessenen Pausen kehrte der Ton wieder. Mein Hund, der sich unter dem Bette gelagert, kroch hervor und schnupperte winselnd und ächzend im Zimmer umher und kratzte bald an den Wänden, bald an dem Boden. Ich fühlte, wie Eisströme mich durchglitten, wie kalte Schweißtropfen von meiner Stirne herabtröpfelten. Doch, mich mit Gewalt ermannend, rief ich erst laut, sprang dann aus dem Bette und schritt vor bis in die Mitte des Zimmers. Da fiel der Tropfen dicht vor mir ja wie durch mein Inneres nieder in das Metall, das in gellendem Laut erdröhnte. Übermannt von dem tiefsten Entsetzen taumelte ich nach dem Bett, und barg mich halb ohnmächtig unter der Decke. Da war es, als wenn der immer noch in gemessenen Pausen zurückkehrende Ton leiser und immer leiser hallend in Lüften verschwebe. Ich fiel in tiefen Schlaf, aus dem ich erst am hellen Morgen erwachte, der Hund hatte sich dicht an mich geschmiegt, und sprang erst, als ich mich aufrichtete, herab vom Bette lustig blaffend, als sei auch ihm jetzt erst alle Angst entnommen. Mir kam der Gedanke, dass vielleicht mir nur die ganz natürliche Ursache jenes wunderbaren Klangs verborgen geblieben sein könne, und ich erzählte dem Wirt mein wichtiges Abenteuer, dessen Grausen ich in allen Gliedern fühlte. Er werde, schloss ich, gewiss mir alles erklären können, und habe Unrecht getan, mich nicht darauf vorzubereiten. Der Wirt erblasste, und bat mich um des Himmelswillen, doch niemandem mitzuteilen, was sich in jenem Zimmer begeben, da er sonst Gefahr laufe, seine Nahrung zu verlieren. Mehrere Reisende, erzählte er, hätten schon vormals über jenen Ton, den sie in mondhellen Nächten vernommen, geklagt. Er habe alles auf das Genaueste untersucht, ja selbst die Dielen in diesem und den anstoßenden Zimmern aufreißen lassen, so wie in der Nachbarschaft emsig nachgeforscht, ohne auch im Mindesten der Ursache jenes grauenvollen Klangs auf die Spur kommen zu können. Schon beinahe seit Jahresfrist sei es still geblieben, und er habe geglaubt, von dem bösen Spuk befreit zu sein, der nun, wie er zu seinem großen Schrecken vernehmen müsse, sein unheimliches Wesen aufs Neue treibe. Unter keiner Bedingung werde er mehr irgend einen Gast in jenem verrufenen Zimmer beherbergen!

Anmerkung

1   Gemeint ist E. T. A. Hoffmann; die vorliegende Geschichte hat Storm dessen Erzählung „Der unheimliche Gast" entnommen (vgl. Kommentar S. 168).

19. Das rauhe Tier*[1]

Anmerkung

[1] Die Handschrift dieser 19. Spukgeschichte ist verlorengegangen. Wie sich dem von Storm aufgestellten »Register« entnehmen lässt, trug sie die Überschrift »Das rauhe Tier« und gehörte zu den Geschichten, die mit einem »*« versehen, d. h. nach mündlicher Überlieferung aufgezeichnet waren.

20. Der Pastor Josin*

Erzählt von Fr. E. S.

Der Pastor Josin zu A. war ein wunderlicher Mann; alles was er tun wollte, tat er erst zum drittenmal vollständig, zweimal griff er nach dem Löffel, ehe er ihn zum Essen in die Hand nahm, zweimal nach der Türklinke; erst zum drittenmal klinkte er die Tür auf; auf dieselbe Weise zog er seinen Rock an und tat überhaupt alles und Jedes mit diesem seltsamen Vorspiel. Auch stand er jede Nacht auf und ging in die Kirche. Die Leute sagten, er habe einen Pakt mit dem Teufel, dem er nur dadurch entgehen könne, dass er alles erst zum drittenmal tue und jede Nacht in die Kirche gehe. Keiner wagte ihm etwas zu entwenden, obgleich zu seiner Zeit zu A. das Mausen stark an der Tagesordnung war; denn zwei Diebe, welche ihm eines Nachts Bauholz stehlen wollten, hatte er festgeschrieben, dass sie mit dem entwendeten Holze im Arm stehen bleiben mussten, bis Alle sie gesehen. –

Auf einer Hochzeit saß er einst beim Schmause, seine Frau war zu Haus geblieben. Da lachte der Pastor plötzlich hell auf. Als man ihn fragte, weshalb er lache, antwortete er: »Ja, ja! Da passiert ihnen zu Hause eben etwas Schönes. Die Köchin will den Pfannkuchen recht hoch kehren und wirft ihn in die Asche.« Und so war es wirklich geschehen.

In einem dunklen Gange zu A. konnte man spät Abends nicht gehen, weil es dort umgehe. Daher wurde der Kollege des Pastor Josin gebeten, das Gespenst zu bannen. Er begab sich auch mit seiner Bibel an Ort und Stelle; aber das Gespenst schlug ihm seine Krallen in die Oberlippe, dass er seine Lebenszeit davon eine offene Wunde behielt, wie jedermann gesehen hat. Da musste Pastor Josin hin und er bannte das Gespenst sogleich.

Einst fragte ihn seine Frau, weshalb er denn jede Nacht aufstehe und in die Kirche gehe. Er antwortete ihr aber, sie solle nicht danach fragen und sich nicht darum bekümmern. Da ist sie ihm jedoch eines Nachts, als er auch wieder aufgestanden, und aus dem Hause gegangen, unvermerkt nachgeschlichen und so hinter ihm drein mit in die Kirche gegangen. Da hat sie aber so etwas Schreckliches gesehen, dass sie sogleich bewusstlos niedergefallen ist. Auch hat sie nie davon nachgesagt.

21. Die Lotterienummern

⟨*Morizens Erfahrungsseelenkunde*⟩[1]

Im Jahr 1768, erzählt der Dr. Knape[2], als ich in der hiesigen Hofapotheke (in Berlin) die Apothekerkunst erlernte, hatte ich in der 72sten Ziehung der Königl. Preußischen Zahlenlotterie, die am 30sten Mai desselben Jahres geschahe, auf die Zahlen 22 und 60 gesetzt.

In der Nacht vor dem Tage der Ziehung träumte mir, dass des Mittags gegen 12 Uhr, als zu welcher Zeit gewöhnlich die Lotterie gezogen zu werden pflegt, der Hofapotheker zu mir herunter schickte, und mir sagen ließ, dass ich zu ihm herauf kommen sollte; als ich hinaufkam, sagte er zu mir, ich sollte sogleich jenseits des Schlosses zu dem Auktions-Commissarius Herrn Mylius gehen, und ihn fragen, ob er die ihm committierten[3] Bücher erstanden habe, sollte aber ja bald wiederkommen, weil er auf die Antwort warte.

Das ist vortrefflich, dachte ich bei mir selbst (nämlich noch immer im Traum) jetzt wird gerade die Lotterie gezogen, da will ich sogleich, sobald ich meinen Auftrag ausgerichtet habe, geschwind nach dem General-Lotterieamte hinlaufen und sehen, ob meine Nummern herauskommen, (die Lotterie wurde damals auf offener Straße gezogen) wenn ich nur hurtig gehe, so komme ich doch noch früh genug wieder nach Hause.

Ich ging also sogleich (noch immer im Traum) meinem erhaltenen Befehl zufolge zu dem Auktionscommissarius Herrn Mylius, bestellte meinen Auftrag, und nach erhaltener Antwort lief ich eiligst nach dem General-Lotterieamt an der Jägerbrücke[4]. Ich fand hier die gewöhnliche Zurüstung, und eine ansehnliche Menge Zuschauer. Man hatte schon angefangen die Nummern in das Glücksrad hinein zu zählen, und in dem Augenblick als ich ankam, wurde Nro. 60 vorgezeigt und ausgerufen. O dachte ich, das ist eine gute Vorbedeutung, dass gerade eine von meinen Nummern ausgerufen wird, indem ich dazu komme.

Da ich nicht lange Zeit hatte, so wünschte ich nun nichts mehr, als dass man mit dem Hereinzählen der noch übrigen Nummern so viel als möglich eilen möchte. Sie wurden endlich alle hereingezählt, und nun sahe ich dem Waisenknaben die Augen verbinden, und nachher auf die gewöhnliche Art die Nummern ziehen.

Als die erste gezogene Zahl vorgezeigt und ausgerufen wurde, so war es Nro. 22. Schon wieder eine gute Vorbedeutung dachte ich, nun wird 60 gewiss auch heraus kommen! Es wurde die zweite Nummer gezogen, und siehe da, es war Nro. 60.

Nun mögen sie meinetwegen ziehen, was sie wollen, sagte ich zu jemand, der neben mir stand, meine Nummern sind heraus, ich habe nicht länger Zeit, indem drehte ich mich um, und lief spornstreichs nach Hause. –

Hier erwachte ich, und war mir meines Traums so deutlich bewusst, als ich ihn jetzt erzählt habe. Wäre mir nicht der so sehr natürliche Zusammenhang, und die ganz besondere Deutlichkeit auffallend gewesen, so würde ich ihn für nichts anders als einen Traum im gewöhnlichen Verstand gehalten haben: diese aber machten mich aufmerksam, und reizten meine Neugierde so sehr, dass ich kaum den Mittag erwarten konnte.

Endlich schlug es eilf, aber noch war kein Anschein zur Erfüllung meines Traums. Es schlug ein viertel, es schlug halb zwölf, und auch noch jetzt war keine Wahrscheinlichkeit darzu vorhanden. Schon hatte ich alle Hoffnung aufgegeben, als unvermutet einer von den Arbeitsleuten zu mir kam, und mir sagte, ich sollte sogleich zu dem Herrn Hofapotheker herauf kommen. Ich ging voller Erwartung herauf, und hörte von ihm mit der größten Verwunderung, dass ich sogleich zu dem Auktions-Commissarius Herrn Mylius jenseits des Schlosses gehen, und ihn fragen sollte, ob er die ihm committierten Bücher in der Auktion erstanden habe, zugleich sagte er mir auch dabei: ich sollte ja bald wieder kommen, weil er auf die Antwort warte.

Wer war wohl geschwinder als ich? – Ich ging eiligst zu dem Auktions-Commissarius Herrn Mylius, bestellte meinen Auftrag, und nach erhaltener Antwort lief ich, so geschwind ich konnte, nach dem General-Lotterieamt an der Jägerbrücke. Und voller Erstaunen sah ich, dass Nro. 60 in dem Augenblick, als ich herkam, vorgezeigt, und ausgerufen wurde.

Da mein Traum jetzt so pünktlich eingetroffen war, so wollte ich doch nun auch gerne das Ende abwarten, so wenig ich auch Zeit dazu hatte; ich wünschte daher nichts mehr als dass man mit dem Herzählen der Nummern eilen möchte. Endlich wurde man damit fertig. Es wurden dem Waisenknaben wie gewöhnlich die Augen verbunden, und nun kann man sich leicht die Begierde vorstellen, mit welcher ich die letzte Erfüllung meines Traums erwartete.

Die erste Nummer wurde endlich gezogen, und ausgerufen, und siehe da, es war Nro. 22. Es wurde die zweite gezogen, und auch diese war, so wie mir geträumt hatte Nro. 60.

Jetzt fiel's mir ein, dass ich mich schon länger verweilt hatte, als es mir mein Auftrag erlaubte, ich bat also die mir im Gedränge zunächststehenden mich durchzulassen. »Ei«, antwortete mir einer, »wollen Sie nicht warten, bis die Nummern alle heraus sind?« »Nein«, sagte ich, »ich habe nicht länger Zeit, meine Nummern sind heraus, und nun mögen sie meinetwegen ziehen was sie wollen«; indem wandte ich mich um, drängte mich durch, und lief eiligst und freudig nach Hause, und so wurde mein ganzer Traum nicht nur dem wesentlichen Verlauf, sondern sogar den Worten nach erfüllt.

Anmerkungen

1   Die Quellenangabe »Morizens Erfahrungsseelenkunde« hat Storm nachträglich gestrichen, offenbar, weil er – wie Nachforschungen ergeben haben (vgl. den Kommentar S. 166) – nicht direkt Moritzens Buch als Quelle benutzt hat, sondern wieder J. H. Jungs »Theorie der Geisterkunde« (Nürnberg 1808), wo diese Geschichte auf Seite 116–120 mit eben der Quellenangabe »Morizens Erfahrungs Seelenkunde, 1ter Band, 15. St. S. 70« abgedruckt ist.
2   Von J. H. Jung wird Dr. Knape (S. 125) vorgestellt als »der Weltweißheit, Arzneywissenschaft und Wunderarzneykunst Doctor«, der diese Geschichte »deswegen aus vielen ausgesucht« und niedergeschrieben hat, »weil hier keine Täuschung der Einbildungskraft« denkbar ist und »weil sie alle Eigenschaften der historischen Glaubwürdigkeit« hat.
3   committierten: in Auftrag gegebenen (von lat. committere).
4   Jägerbrücke: Eine Brücke aus dem Jahre 1736, die – etwa 500 Meter vom Berliner Schloss entfernt – über einen Festungsgraben führte und Friedrichswerder mit Friedrichsstadt verband (Mitte des 19. Jahrhunderts wurde der Festungsgraben zugeschüttet und die Brücke abgebrochen).

22. Die Laube

⟨*Museum des Wundervollen*⟩¹

Ein Beamter auf dem Lande ließ, da er nicht verheiratet war, seine häuslichen Angelegenheiten durch eine Haushälterin verwalten, welche schon viele Jahre bei ihm diente. Es trat sein Geburtstag ein; er hatte alle Anstalten zu dessen Feier getroffen, und früh Morgens sagte er zu seiner Haushälterin, dass, da heut ein schöner Tag sei, sie die Laube im Garten, welche er ihr nannte, reinigen möchte, weil er Willens sei, mit seinen Gästen, den Tag darinnen zuzubringen. Kaum hatte er ihr diesen Auftrag gegeben, so war sie ganz betäubt darüber, und zauderte mit der Ausführung seines Befehls. Endlich bat sie ihn, dass er doch lieber in irgend einer Stube seine Gäste bewirten möchte; es ahne ihr, dass es heut in die Laube einschlagen werde. Er lachte über ihre Äußerung, indem es gar keinen Anschein hatte, dass diesen Tag Gewitter kommen würden, und da sie ihm mit ihren Bitten noch weiter zusetzte, so drang er desto mehr darauf, dass sie die genannte Laube zubereiten möchte, damit es nicht schiene, als wolle er ihrem Aberglauben Vorschub geben. Sie ging endlich und führte den Auftrag ihres Herrn aus. Der Tag blieb heiter, die gebetenen Gäste stellten sich ein, man ging in die Laube, und war vergnügt. Am fernen Horizont hatten sich indessen Wolken gesammelt, welche endlich der Wind mit Gewalt herbeitrieb, die Gesellschaft war in ihrer Unterhaltung so vertieft, dass sie dies gar nicht bemerkte, allein, kaum wurde die Haushälterin gewahr, dass sich das Gewitter nähere, so bat sie ihren Herrn, dass die Gesellschaft doch die Laube verlassen möchte: denn sie könne den Gedanken des Einschlagens gar nicht los werden. Man wollte ihr anfänglich kein Gehör geben, allein sie fuhr unaufhörlich in ihrem Bitten fort, und da endlich das Gewitter mit Gewalt heranstürmte, so ließ man sich bewegen, die Laube zu verlassen. Kaum war man einige Augenblicke in der Stube, so schlug der Blitz in die Laube ein, und zertrümmerte Alles, was man noch da stehen gelassen hatte.

Anmerkung

1 Auch hier hat Storm die Quellenangabe »Museum des Wundervollen« nachträglich gestrichen, offenbar aus dem in Nr. 6, Anm. 1 genannten Grund. Denn der Text ist wiederum dem Band »Theorie der Geisterkunde« von J. H. Jung entnommen (Nürnberg 1808, S. 110 f.), der seinerseits auf seine Vorlage verweist, auf Band 2, S. 153 des »Museums des Wundervollen« (Leipzig 1803–1810).

23. Das kranke Kind*

Erzählt von Frl. D. St.

Der kleine Ferdinand, Sohn des Kaufmanns M., litt an starkem Schnupfen, und klagte dabei über etwas Schmerz im Halse; ängstlich fragte die Mutter den Vater, ob sie nicht lieber zu einem Arzte schicken solle. – »Mach dich doch nicht lächerlich«, sagte der Mann, »solche Jungens können sich wohl einmal erkälten, wenn man darum gleich den Arzt holen wollte, da hätte man was zu tun.« Muttersorge war indes nicht so leicht zur Ruhe gesprochen; sie schickte ins Geheim zu einem alten Freunde ihres Mannes, der in seiner Jugend Medizin studiert hatte, und ließ ihn bitten, wie von ohngefähr bei ihnen vorzukommen; ihr Ferdinand sei so sehr erkältet, und der Vater wolle noch nicht gern zum Arzt schicken.

G. kam und ging deswegen in die bekannte Kinderstube, wo er die Mutter traf, aber nicht den Knaben; »Na!« sagte er, als er sich vergebens nach ihm umgesehen, »wo haben wir denn unsern Kranken? Doch nicht auf der Straße?« »O nein! Lieber Herr G.«, sagte Madame M., »er liegt oben auf dem Sofa!« Damit meinte sie die Wohnstube, zu welcher einige Treppen aus der Kinderstube hinauf gingen. So wie sie sprach, ging er zur Treppe, wie er aber den Fuß auf die erste Stufe setzen wollte, trat er erschreckt zurück und an die Seite, hielt auch die Frau dahin zurück, die ihn fragend ansah, und über seine Blässe erschrak.

»Was ist Ihnen?« sagte sie. Er stotterte einige unverständliche Entschuldigungen, und ging hinauf, sagte auch so gleichgültig, wie ihm möglich war, man habe doch wohl besser einen Arzt zu fragen, da er einiges Fieber verspüre. – »Ach bester Herr G.! Es hat doch keine Gefahr?« fragte die Mutter. – »Bewahre! Bewahre! Es ist nur zur Beruhigung«, antwortete G. – Acht Tage darauf kam dieser leise ins Haus, und ging ebenso leise nach der Kinderstube. Als er die Treppe hinauf gehen wollte, kam man ihm mit der Leiche des kleinen F. entgegen, gerade wie er es damals gesehen, als er zurücktrat, und die Frau auch zurückhielt. – Dicht hinter ihm stand die weinende Mutter. –

24. Ein andres zweites Gesicht

Erzählt von Frl. D.

Bei meinen Eltern, so erzählte mir unsere Dienstmagd, pflegte in der Dämmerstunde nach beendigter Arbeit oft mein Onkel zu kommen, um ein wenig zu plaudern; er hatte weder Frau noch Kind und auf diese Stunde freute er sich den ganzen Tag. Eines Abends, nachdem er wieder ein Stündchen bei uns verplaudert, nahm er seine Mütze, fragte meinen Vater, ob die Hoftür offen sei und ging. Es währte aber nur einige Minuten, so kam er wieder zurück, legte seine Mütze auf den Tisch und setzte sich. Mein Vater sah ihn erstaunt an, und fragte nach der Ursache seines Benehmens. »O! Es ist nichts«, sagte er zerstreut, »aber – ihr werdet bald eine Leiche im Hause haben.« Drauf entfernte er sich. – Als er den anderen Abend zur gewöhnlichen Stunde sich wieder einfand, umringten wir Kinder ihn neugierig und fragten, was er denn gestern Abend schon wieder gehabt. »Ja«, sagte er, »heute Abend darf ich's Euch wohl sagen; hätte ich's aber gestern gesagt, würde ich die ganze Nacht kein Auge zugetan haben. Als ich gestern so durch die Küche gehe, und die Hoftür aufmache, kommt mir plötzlich euer Mietsmann entgegen, eingehüllt in ein Leichentuch, schreitet still an mir vorbei und geht in seine Kammer.« Drei Tage darauf war der Mietsmann tot und die Leiche stand in derselben Kammer, wohinein mein Onkel die Erscheinung hatte gehen sehen.[1]

Anmerkung

1 wohinein mein Onkel die Erscheinung hatte gehen sehen: Hier hat Storm den von seiner Frau (Constanze) abgeschriebenen Text verbessert. Ursprünglich: »wohinein ihn mein Onkel gehen sah«.

25. Der alte O.

Aus J. L. Schwarz's Denkwürdigkeiten[1]

Eines Tages wurde ich von einem Freunde, dem Großvikar O., dessen Vater vier Wochen zuvor gestorben war, nebst mehrern meiner Kollegen und Freunde, zum Spiel, Tee und Abendbrot eingeladen. Als das Spiel um 8 Uhr geendet war, und die Gesellschaft zu Tische gehen wollte, ging ich nebst einigen aus der Gesellschaft zuvor auf den Hof. Dieser führte nach der Türe, welche auf die Straße ging und von einem Flügel des Wohnhauses dergestalt überbaut war, dass dadurch ein offener Schuppen zur Aufbewahrung des Brennholzes gebildet wurde. Es fing schon an dunkel zu werden, doch so, dass man die Gegenstände noch ziemlich genau unterscheiden konnte. Mit einem Male, als ich meinen Blick nach der Hoftüre richtete, ward ich in einer Entfernung von zwanzig Schritten den verstorbenen Vater unsers Gastgebers gewahr, den man an seiner Rolandsfigur und den großen Telleraugen notwendig als solchen erkennen musste. Er trug einen grauen Roquelor[2], in welchem er zur Winterzeit gewöhnlich ausging, und bewegte sich, wie eine Schildwacht auf ihrem Posten, vor der Türe, die nach der Straße führte, langsam hin und her. Ich starrte die Figur wohl eine Minute lang an, und rief mir alle die Gründe wieder in das Gedächtnis zurück, womit ich immer die Gespenster lächerlich gemacht hatte, nämlich: dass der begrabene Körper, wenn er auch für eine Stunde wieder auflebte, doch nicht aus dem Grabe heraus und wieder hinein schlüpfen, auch sich keins von den Kleidungsstücken, die er im Leben getragen, ohne alle Umstände verschaffen könne; dass, wenn nur der Geist spuke, dieser als ein unkörperliches und bloßes Schattenwesen nicht einmal ein Florkleid[3], vielweniger einen schweren Mantel von grobem grauen Tuch tragen könne; dass also jene Figur nicht der Geist des O., vielweniger sein Körper sein könne. Dies half aber alles nicht, denn der selige Großvikar stand da, wie er leibte und lebte, und in ganz Halberstadt waren nur noch zwei Menschen von so ausgezeichneter Körpergröße und Stärke als er, welche sich aber nicht dazu hergegeben haben würden, der Gesellschaft einen solchen Streich zu spielen. Um inzwischen recht sicher zu gehen, machte ich den Stadtrichter Heier, welcher neben mir mit dem Gesicht nach der Wand des Wohnhauses gekehrt stand, auf die Erscheinung aufmerksam, und fragte ihn leise: »Was ist das dort?« »Herr Jesus!« sagte er erschrocken »das ist ja der alte O.!« »Nun gut!« antwortete ich, »wenn Sie ihn auch dafür erkennen, so lassen Sie uns auf die Figur losgehen und die Sache näher untersuchen.« »Ach! Um Gottes willen nicht!« entgegnete er, und machte, dass er eilig zur Gesellschaft in die Stube kam. Die übrigen Gäste hatten sich auch schon aus dem Hofe wieder entfernt, und ich muss zu meiner Schande bekennen, dass ich es auch so machte, ohne die Sache näher zu untersuchen; doch will ich damit keinesweges eingestehen, dass ich meine unumstößlichen Gründe gegen die Gespenster in dem Augenblick für zu schwach gehalten; sondern es geschahe wohl hauptsächlich aus Diskretion gegen unsern Wirt, dass ich keinen großen Lärm machen wollte. Jedoch kann ich's dem Leser nicht verargen, wenn er glaubt, dass ich mich nur dahinter verstecke; denn Freund H. machte es wirklich so, als ich ihm in der Folge öfter vorwarf: wie er allein Schuld daran sei, dass wir die Sache nicht näher untersucht hätten.

Anmerkungen

1. Storm hat die Angabe der Quelle zunächst gestrichen, dann doch wieder unter dem Titel eingefügt (danach von uns ergänzt). Es handelt sich um den von J. L. Schwarz herausgegebenen Band »Denkwürdigkeiten aus dem Leben eines Geschäftsmannes, Dichters und Humoristen«, Leipzig 1828, in dem die Geschichte vom alten O. auf S. 107–110 abgedruckt ist.
2. Roquelor: Reisemantel (so genannt nach dem französischen Herzog Roquelaure).
3. Florkleid: Kleid aus dünnem Seidenstoff.

26. Herein!*

Erzählt von Herrn N.

Als ich mich im Jahre 184x eine Zeitlang in München aufhielt, hatte ich in der -straße zwei bequeme Zimmer gemietet, von denen das Schlafzimmer das hintere war und unmittelbar mit der Tür an das Wohnzimmer grenzte. Nachdem ich die ersten Tage und Abende den Zerstreuungen der großen Stadt geopfert, zog ich mich auf mein Zimmer zurück und saß nun auch des Abends mit vollem Eifer über meinen Studien. Die Uhr mochte neun sein; als plötzlich an meine Tür geklopft wird; ich beachtete es mit meinen Papieren beschäftigt nicht und es wiederholte sich. – »Herein!« rief ich; aber es kam Niemand; auch regte sich draußen weiter nichts. Ich glaubte mich getäuscht zu haben und studierte ruhig weiter. – Am andern Abend saß ich wieder vor meinem Arbeitstisch, des gestrigen Vorfalls durchaus nicht gedenkend, als plötzlich wieder an meine Tür gepocht wurde. Auf mein »Herein« wurde es ruhig; aber es erschien Niemand; ich sah nach der Uhr; es war Neun Uhr. – Dieser Vorfall wiederholte sich nun, so oft ich zu Hause war, jeden Abend um dieselbe Zeit; wenn ich nicht gleich »herein« rief, so pochte es so lange, bis dies geschah; dann ward es still. Draußen aber war auch niemals Jemand zu finden.

Als ich meinen Wirtsleuten die Sache erzählte, sagten sie mir mit verlegener Miene, das sei immer so gewesen, und baten mich, doch nicht auszuziehn; es tue Niemandem etwas zu Leide. Da die Wohnung im Übrigen mir sehr zusagte und die Leute freundlich und gefällig waren, so blieb ich, vermied es aber, um neun Uhr Abends zu Haus zu sein; denn die Sache war mir allerdings etwas unheimlich. – Eines Tages beredete ich mich mit einem Freunde, auf meinem Zimmer zu bleiben, nicht Herein zu rufen und während des andauernden Pochens die betreffende Tür zu öffnen. – Am Abend saßen wir Wein trinkend und Piquet[1] spielend auf dem Sofa; so verging die Zeit: da pochte es an die Tür, und – »Herein!« riefen wir beide wie aus einem Munde. So war die Untersuchungscommission verunglückt.

Ich machte es nun nach wie vor und vermied um jene Stunde mein Zimmer. Eines Abends hielt mich aber eine Erkältung in meiner Schlafstube und im Bette fest. Als die Uhr neun war, hörte ich es deutlich an meine Wohnstubentür pochen; als ich mich ruhig verhielt, wiederholte es sich; ich schwieg noch immer; da aber pochte es dicht neben mir an die Tür meiner Schlafstube. Mir wurde es unheimlich; ich musste »herein« rufen, und nun war es vorbei, wie immer.

Übrigens habe ich niemals einen Grund oder eine Aufklärung über dies Seltsame erfahren können, und die obigen Vorfälle wiederholten sich stets auf dieselbe Art, so lang ich dies Zimmer bewohnte.

Anmerkung

1   Piquet: Französisches Kartenspiel (für zwei Personen).

27. Der letzte Trank

⟨*Museum des Wundervollen*⟩[1]

Kurz vorher, ehe die Fürstin Ragozky von Warschau nach Paris reiste, hatte sie folgenden Traum: sie träumt, dass sie sich in einem unbekannten Zimmer befindet, wo ein gleichfalls ihr unbekannter Mann mit einem Becher zu ihr kommt, und ihr daraus zu trinken anbietet. Sie erwiderte, dass sie keinen Durst hätte, und dankt ihm für sein Anerbieten. Der unbekannte Mann wiederholt seine Bitte, und setzt hinzu: sie möcht es ihm nicht weiter abschlagen, denn dies sei der letzte Trank ihres Lebens. Sie erschrak heftig hierüber und erwachte.

Im Oktober 1720 langte diese Fürstin munter und gesund in Paris an, und bezog ein Hotel-Garni, wo sie bald nach ihrer Ankunft ein heftiges Fieber überfiel. Sie schickte sogleich zu dem berühmten Arzte des Königes, dem Vater des Helvetius[2]. Der Arzt kam, und die Fürstin geriet in ein auffallendes Erstaunen. Man fragte nach der Ursache desselben, und sie gab zur Antwort, dass der Arzt ganz vollkommen dem Manne gleich sähe, den sie zu Warschau im Traum erblickt hätte. Doch diesmal setzte sie hinzu, werde ich noch nicht sterben, denn dieses Zimmer ist nicht dasselbe, das ich damals zugleich mit im Traum sahe.

Die Fürstin wurde bald darauf völlig wieder hergestellt, und schien ihren Traum ganz vergessen zu haben, als sie durch einen neuen Umstand wieder mit der größten Lebhaftigkeit daran erinnert wurde: sie war mit ihrem Logis in dem Hotel nicht zufrieden, und verlangte daher, dass man ihr eine Wohnung in einem Kloster zu Paris zubereiten möchte, welches auch geschah. Die Fürstin zog in das Kloster ein, allein kaum war sie in das für sie bestimmte Zimmer getreten, als sie überlaut zu schreien anfing: »Es ist um mich geschehen, ich werde nicht wieder lebendig aus diesem Zimmer herauskommen: denn es ist ebendasselbe, das ich zu Warschau im Traum gesehen habe.« Sie starb wirklich nicht lange darauf, zu Anfang des Jahres 1721, und zwar in dem nämlichen Zimmer an einem Halsgeschwür, das durch die Herausnahme eines Zahns entstanden war.

Anmerkungen

1 Die Quellenangabe »Museum des Wundervollen« hat Storm hier – aus den in Nr. 6, Anm. 1 genannten Gründen – nachträglich gestrichen. Auch hier ist der Text dem Band von J. H. Jung entnommen (S. 114–116), der wiederum auf seine Vorlage im »2ten Heft des ersten Bandes des Museums des Wundervollen« verweist.
2 Helvetius: Claude Adrien Helvetius (1715–1771), französischer Philosoph, Sohn des genannten Arztes.

28. Traum des Herrn von Brenckenhof

⟨*Museum des Wundervollen*⟩[1]

Den Herrn v. Brenckenhof[2] träumte eines Nachts, er befände sich in einer wüsten höchst traurigen Gegend, aus welcher er sich wieder heraussehnte; indem sah er einen Mann, der ihn noch da zu bleiben bewog, und bald nachher sah er diesen ihm so lieben Mann sterben, zugleich bemerkte er einen großen Zug von Menschen in fremder ungewöhnlicher Kleidung, und dann erwachte er. Das Angesicht, und das Ganze des im Traum gesehenen Mannes, war aber so tief in seine Imagination eingegraben, dass er's beinahe noch wachend sahe. Das ganze Bild blieb ihm lebenslang unauslöschbar. Einige Zeit nachher erhielt er von Friedrich dem zweiten[3], König in Preußen, den Auftrag nach Pommern zu gehen, um dort den Provinzen wieder aufzuhelfen, die durch die Russen im siebenjährigen Krieg verheeret worden waren. Brenckenhof reiste dorthin, fand aber das Elend so groß, und je genauer er untersuchte, noch immer größer, so dass er an jeder Hülfe verzweifelte, sich entschloss an den König zu schreiben, und ihm zu melden, dass er weder Hülfe noch Rat ersinnen könne, dem Lande aufzuhelfen, besonders auch darum, weil es an Menschen fehlte.

Indem er mit diesen Gedanken umging, und an einen Ort hinfuhr, so kam ein Mann an seine Kutsche, dessen Anblick ihn ins größte Erstaunen setzte; denn es war aufs genaueste der Mann, den er im Traum gesehen hatte. Dass ihn dieser Anblick hoch erfreute und dass er alsofort großes Zutrauen zu ihm hatte, das lässt sich leicht denken. Es war der Beamte der dortigen Gegend, der ihm tröstlich zuredete, ihm mit Rat und Tat an die Hand zu gehen versprach, und ihn also bewog, das wohltätige Geschäft zu unternehmen.

Einige Zeit nachher, erfuhr Brenckenhof, dass sein Freund tödlich krank sei; er eilte zu ihm, und sah ihn sterben; noch den nämlichen, oder den nächstfolgenden Tag, sah er eine große Anzahl Männer, Weiber und Kinder, ganze Familien einherziehen, dieses waren Colonisten aus Polen, welche sich in dem verödeten Lande anbauen wollten, und also lauter Werkzeuge waren durch welche Brenckenhof wohltätig fortwirken konnte.

Anmerkungen

1 Hier ist dasselbe wie in Nr. 6, Anm. 1, anzumerken; die Vorlage ist Jung (S. 112 f.) bzw. das »Museum des Wundervollen« (Jung verweist auf das 4. Stück des 6. Bandes).
2 Herr v. Brenckendorf: F. B. Schönberg von Brenkenhof (1723–1780), seit 1762 im preußischen Staatsdienst; er kultivierte und kolonisierte als »Wirklicher Geheimer Oberfinanz- Kriegs- und Domänenrat« Pommern, die Neumark und den Netzedistrikt.
3 Friedrich dem zweiten: Friedrich II., Friedrich der Große (1712–1786), von 1740–1786 König von Preußen.

29. Eine Erscheinung Wallensteins

Als Albertus Wallenstein, Herzog von Friedland, im Jahre 1628 mit des Kaisers Armee die Stadt Stralsund belagerte[1], stand er eines Abends im Juni gedachten Jahres noch spät vor seinem Zelte und schaute gedankenvoll in die fahle Gewitternacht.

Der Sturm jagte die Wolken, die Sumpfvögel kreischten, in weiten Kreisen schwebte die Möwe; – still war es im Lager, unsicher flammend brannten die Wachtfeuer und eintönig schwirrte die Goldblechfahne auf dem großen Zelte.

Trübe und düster war es in Wallensteins Innern, und finsterer Unmut nistete in dem Herzen des Stolzen, der seine Pläne in letzterer Zeit mehrfach vereitelt gesehen. Fast alle in seinem Vorteile angeknüpften Verhandlungen löseten sich in einem für ihn nachteiligen Resultate und über Stralsunds hartnäckigem Widerstand knirschte der Sieggewohnte und schwor den finstern Mächten die Vernichtung dieser Stadt.

In selbigem Augenblicke, wo er nur die Gegenwart und die nahe Zukunft bedachte, traten plötzlich Bilder der Erinnerung aus sehr früher Zeit vor das innere Auge – ja selbst mit dem äußeren glaubte er jetzt einen Mann im Dämmerlichte neben sich zu gewahren, der in Gestalt und Zügen einem seiner Jugendfreunde glich. Noch ein mal sah er, von dieser Erinnerung mächtig ergriffen, sich vorbeugend hin. »Nein!« rief er, »Täuschung ist es nicht – Aemili![2] Wo kommst Du hierher?« – Aber eine Antwort erfolgte nicht – die Gestalt war verschwunden. Wallenstein trat bestürzt zurück, und fragte den ohnfern des Zeltes stehenden, Ordonnanz habenden Cornet[3] eines Wallonischen Kürassier-Regiments: »Ging nicht so eben Jemand hier an mir vorüber?«

»Niemanden sah ich, Herzog! und hörte nur, dass Ihr spracht.«

Nachdenkend begab sich hierauf der Fürst in das Zelt. –

Am andern Morgen wurde ihm gemeldet, dass von dem Wachtposten an den Teichen, wo ein Corporal des toscanischen Regiments, der schlaue Ulas genannt, die Ronde[4] gehabt, gestern ein Mann mit verdächtigen Papieren eingebracht worden sei, der vor seiner Ablieferung an das Feld-Gericht, den Herzog selbst zu sprechen wünsche.

Wallenstein gewährte die Bitte, und zu seiner Verwunderung stand der Jugendfreund vor ihm, den er – war es nun Wirklichkeit oder Phantasiespiel – gestern im Zwielicht gesehen. Der Herzog, nachdem er die ihm übergebenen Papiere mit ernster Miene durchgeblättert, legte selbige auf den Schreibtisch, befahl, dem Gefangenen die beschwerende Fessel abzunehmen und ließ die Wache abtreten; ein Wink entfernte den Schreiber, nur sein Adjutant, der junge Graf Colloredo[5], blieb.

»Sage, Aemil«, nahete sich Wallenstein mit ruhig freundlichem Wort dem um Gnade Flehenden, »sage, Trottka, warum antwortest Du mir gestern Abend nicht, als Du neben mir vor dem Zelte standest? Und warum entflohest Du auf meine Anrede?«

»Ich verstehe nicht, mein Herzog, wie ich diese Frage deuten soll«, antwortete der Gefangene, »da ich gestern, weder früh noch spät, das Glück hatte in Eurer Nähe zu sein – noch auch an Eurem Zelte vorübergegangen bin.«

»Um welche Stunde wurdest Du von der Ronde erhascht?«

»Kurz nach dem Trommelwirbel, gegen Einviertel auf Zehn.«

»Richtig, so lautete die Meldung – also Du konntest es nicht in Person sein, nur Dein Bild schwebte an mir vorüber –«, sagte überlegend der Herzog, »sonderbar, dass ich gerade Dich sah, der Du schon seit Langem in meiner Erinnerung untergegangen warest – doch Du tauchtest in ihr zu rechter Zeit wieder auf. – Ich habe bei Dir gut zu machen – auf der Schule zu Goldberg übernahmst Du zweimal die Strafe für mich, und ob wir auch in Altorf als Studenten hart aneinander gerieten – so danke ich Dir doch, einen unüberlegten Streich weniger begangen zu haben. Das Schicksal trennte uns. Du bliebst, wie ich aus den Papieren ersehen, Protestant – ich wurde Katholik – ich wählte das Schwert – Du die Feder und zwar zum Vorteile der Feinde meines Kaiser-Hauses – aber, Freund, mit Deinen Schriften hier – Du schlugst den gefährlichen Weg durch mein Lager ein? Dem Gesetze nach musst Du hängen! Auch muss ich dem Gesetze Gerechtigkeit widerfahren lassen.« –

Aemil von Trottka sprach gefasst: »Herzog, Du hast über mein Leben zu gebieten – aber um der huldvollen Erinnerung, um der Freundschaft willen, der Du mich einst würdig fandest, bitte ich, das Todesurteil über mich nicht zu sprechen – die Schriften, die vor Dir liegen, weisen aus, dass ich nicht zu den Überläufern und ehrlosen Kundschaftern zu rechnen bin, und – daheim hab' ich ein zartes

Weib, einen freundlichen Jungen – sie sind mein Lebensglück, ich das Ihrige – Verkümmerung raubte uns andre Güter der Erde – lass mich heimkehren zu den Lieben, – ich bleibe fortan Dein Gefangener – entlass' mich aber auf mein Ehrenwort – nur noch einmal will ich sie sehen – dann stelle ich mich nach Deiner Verfügung.«

Wallenstein wendete sich jetzt an den Adjutant: »Ist der Überläufer von Tetzka's Regiment noch in Haft?«

»Zu Eurem Befehl, Herr Herzog!«

»Besorge ohne großes Aufsehen, Graf, dass mein Freund hier Kleider aus meiner Garderobe erhält, lass die des Trottka's jenem Überläufer anziehn – dann mag er ohne Weiteres als der gestern eingebrachte Kundschafter aufgeknüpft werden. Wach- und Ronde-Mannschaften erhalten zur Belohnung ihres Eifers 30 Kronen. Das Gesetz will sein Recht haben – Du Aemil ziehest sogleich mit sicherm Geleit ab, und – so glaube ich auch den Anforderungen der Freundschaft zu genügen. – Du sollst noch leben – ein Schicksals-Wink ist mir die gestrige Erscheinung – Du standest sonst oft warnend mir zur Seite – ich gebe meinen Plan auf, den die Nacht gebar, – vielleicht, dass er gelang – vielleicht auch nicht – o! wenn sie's wüssten – doch – es ist vorbei. Nun Trottka eile, dass Du heimkehrst, die Hausfrau grüße und Dein liebes Kind – Leb' wohl! Ich denke, wir sehen uns noch einmal wieder.« –

Trottka drückte gerührt des Herzogs Hand an sein Herz – und folgte dem Adjutanten, welcher im Abgehen noch einen geheimen Auftrag von Wallenstein erhielt, in das hintere Gezelte, wo die Umkleidung stattfand. Bald darauf standen die Pferde bereit. Als sich Trottka von dem Adjutanten verabschiedete, legte ihm dieser eine volle Börse mit den Worten in die Hand:

»Auf des Herzogs Befehl! – Reiset glücklich!« und entfernte sich schnell, die Weigerung des Scheidenden nicht berücksichtigend.

Anmerkungen

1 Albrecht Wallenstein, Herzog von Friedland (1583–1634), belagerte Stralsund 1628 vergebens.
2 Aemili: Lateinischer Vokativ von Aemilius (hier: Vorname).
3 Cornet (frz.): Fähnrich, jüngster Offizier eines Kavallerie-Regiments.
4 Ronde (frz.): Wache.
5 Colloredo: Historisches österreichisches Adelsgeschlecht, aus Friaul gebürtig.

30. Die schwarze Gestalt

Einem englischen Blatte nacherzählt

Es sind nun einige Jahre, dass ein denkwürdiges und seltsames Ereignis die Blicke von ganz Venedig auf sich zog. Während des Karnevals erschien alle Abend gegen 8 Uhr ein Mann in sonderbarer Kleidung an der St. Markuskirche. Immer stand er auf Einer Stelle in der Nähe der Pferde des Lysipp[1], und zu solch einer Zeit des allgemeinen Jubels, wo auf dem prächtigen Markusplatze viele tausend Menschen sich eingefunden hatten, konnte er der allgemeinen Aufmerksamkeit nicht entgehen. Ein weiter, schwarzer Mantel verhüllte seine ganze Figur, sein Gesicht war mit einer schwarzen Maske bedeckt und auf dem Hute schwankte ein Federbusch von derselben Farbe. Aber seine Augen stachen aus diesem Dunkel umso mächtiger hervor und hatten etwas so Furchtbares, dass keines Menschen Blick ihr Anschauen ertragen konnte. Nur ganz langsam bewegten sie sich und blickten zuweilen einige Zeit so wunderlich und grauenvoll auf Eine Stelle, wie solche, die ein plötzlicher Schreckenstod widernatürlich aufgerissen hat. Und es war denjenigen, deren Blicke dann diesen Augen begegneten, schlechterdings unmöglich, sie wieder zu vergessen. Allein oder nicht, beim Mahl oder im Schlafe, die furchtbaren Augen standen immer vor ihrem Geiste. Sie fühlten sich von ihnen dermaßen gebunden, wie, der Sage nach, die Tiere, welche die Klapperschlange sich zur Beute erkoren hat. Es war natürlich, dass diese Person bald allenthalben ein Gegenstand der Unterhaltung wurde. Die meisten vermuteten unter der unheimlichen Maske einen Fremden von hohem Range, andre hielten ihn für einen politischen Kundschafter. Darin kamen übrigens alle überein, dass sein Erscheinen viel Unerfreuliches und Außerordentliches hatte. Endlich erregte die Sache auch die Aufmerksamkeit der in Venedig bekanntlich sehr wachsamen Polizei. Aber Niemand wusste, wo die Person wohnte, und mit wem sie umging, auch hatte noch kein Mensch sie zu andrer Zeit und an einem andern Orte gesehen. Wie durch stillschweigende Übereinkunft wurde daher der Platz gar bald von aller Welt vermieden. Gleichwohl gab es, wie immer, auch hier einige, die dreist genug waren, sich der Gestalt zu nahen. Diese vernahmen von Zeit zu Zeit in tiefem Tone die Worte: Vengenza dal fepolero![2] – Endlich glaubte man ziemlich allgemein, dass die grauenerregende Gestalt ein Wahnsinniger sein müsse. Neuere Gegenstände nahmen die Aufmerksamkeit des Volkes in Anspruch und bald sprach kein Mensch mehr von dem Fremden an der St. Markuskirche.

Einmal Nachmittags saß Constanze, die Tochter des Marchese Rinaldini, ein Fräulein, in dem die blühendste Jugend mit der lautersten Unschuld sich vereinte, allein im Zimmer.

Außerordentlich angezogen von dem Buche, worin sie las, hätte sie alles andre darüber vergessen. Da fällt plötzlich ein Schatten auf das Buch; sie blickt empor und staunt und erschrickt nicht wenig, als ein langer, ganz in Schwarz gekleideter Mann mit ernster, gebietender Miene, wenig Schritte nur von ihr steht.

Bald aber fasst sie sich wenigstens so weit, um ihn zu fragen, wer er sei und wen er suche.

Nach einer sehr unheimlichen Pause antwortet endlich der Unbekannte in tiefem Tone: »Den Rinaldini!«

»Mein Vater«, versetzte hierauf Constanze, »ist schon seit einiger Zeit von hier abwesend und ich finde es sehr auffallend, dass Sie – –«

»Wenn er zurückkehrt«, unterbrach sie der Fremde »so sage ihm, Torralva erwarte ihn den 27sten dieses ⟨Monats⟩ um Mitternacht an der Kirche des heiligen Markus.«

Bei der Anrede von einer so seltsamen Gestalt, mit Grauen erregender Stimme, hatten Constanzens Augen sich unwillkürlich abgewendet und als sie darauf, um zu antworten, mit Anstrengung empor blickte, so war Niemand mehr im Zimmer. Nach wiedergewonnener Fassung vom ersten Schrecke, rief sie in den Vorsaal den Dienstleuten und verwies es ihnen, dass sie einen Unbekannten, zumal eine Maske von so furchterregendem Ansehen, ungemeldet herein gelassen hatten, aber die erstaunten Diener behaupteten, dass durch den Vorsaal kein Mensch gegangen sei. Constanze wurde hiervon noch unruhiger, hielt es aber doch für ratsam das Gespräch abzubrechen, schickte die Leute wieder fort und versank in ein düsteres Nachsinnen über das eben erlebte geheimnisvolle Abenteuer.

Das Haus Rinaldini gehörte zu den ältesten Geschlechtern des venetianischen Adels. Der Marchese war zweimal verheiratet gewesen; zuerst mit einer edeln Venetianerin, aus welcher Verbindung die reizende Constanze herrührte. Von der zweiten Gemahlin wusste man wenig. Während seine Tochter noch im Kloster erzogen wurde, hatte er einige Monate in Neapel zugebracht, sich hier in eine schöne Spanierin verliebt, diese dann geheiratet und nachher mit nach Venedig zurückgenommen. Man wollte wissen, dass sie vor ihrer Bekanntschaft mit dem Marchese die Verlobte eines jungen spanischen Cavaliers aus vornehmem Hause, auch letzterm sehr zugetan gewesen. Allein nach dem Antrage des Marchese, welchem ihre Familie den Vorzug gegeben, habe man sie zur Heirat mit diesem genötigt, worauf ihr erster Liebhaber verschwunden sei. Man glaubte ziemlich allgemein, dass der junge Spanier aus Verzweiflung über den Sieg seines Nebenbuhlers, Kriegsdienste genommen und sich nach Westindien eingeschifft, wo das Klima oder auch wohl der Krieg selbst, ein Leben geendet, das mit der Geliebten für seinen Eigentümer allen Wert verloren hatte. – Es gab aber auch Menschen, die des Marchese leidenschaftlichen und wilden Charakter und manche andere Umstände dieser Geschichte kennend, das Verschwinden jenes Spaniers in einem dem Venetianer weit ungünstigerm Lichte betrachteten.

So viel war wenigstens gewiss, dass Isabella, obschon von ihrem Gemahl angebetet, und mit allem umgeben, was Glanz und Mode nur erheischen können, keinesweges glücklich zu sein schien. Die feinste, geistreichste Artigkeit war nicht im Stande, der außerordentlich reizenden Frau auch nur ein Lächeln abzugewinnen. Ihre wunderschönen Augen schmückte nie der Sonnenstrahl der Freude, nie der noch süßere Mondenschimmer des Gefühls. Sie war einem wohlgeordneten und reichverzierten Tempel zu vergleichen, den seine Gottheit für immer verlassen hat.

Des Marchese Leidenschaft für sie verminderte sich immer mehr, da sein glühendster Wunsch, einen Sohn von ihr zu erhalten, unerfüllt blieb, und Isabellens Schönheit schien sich dem Grabe zuzuneigen. Ihr Tod erfolgte jetzt plötzlich und obschon eine lange Unpässlichkeit vorhergegangen, schneller, als man ihn erwartet. Die mit möglichstem Glanze veranstaltete Beisetzung der unglücklichen Isabella hatte wenig Monate vor dem erwähnten Ereignisse im einsamen Zimmer Constanzens stattgefunden.

Am Abend jenes Tages stand Constanze an einem Fenster ihres Zimmers, verloren in das Anschauen des Mondes und dessen zitternden Glanz in den Wellen. Da trat plötzlich der Marchese Rinaldini zu ihr herein. Constanze hüpfte ihrem Vater entgegen; aber sich in ein Sofa werfend, merkte er nur wenig auf ihr freundliches Willkommen. Sie erschrak um so mehr über die heftige Bewegung, die sie an ihm wahrnahm, da das Mondlicht gerade auf sein Gesicht fiel, und so die ungewöhnliche Blässe desselben ihr nicht entgehen konnte. »Es ist nichts!« sprach er leise zu sich selbst. »Nichts ist's! Und doch ist's wahr, dass mir diese Stimme ohne Aufhören in mein Ohr schallt!«

Schon einige Jahre her war der Marchese gewissen Anfällen von Schwermut unterworfen. Seit dem Tode seiner Gemahlin kehrten sie stärker und öfter als zuvor zurück. Constanze schrieb sie seinem Schmerze über ihren Verlust zu, suchte ihn daher auch jetzt durch allerlei Gespräche über andre Dinge dem Gegenstande abzuwenden und brachte endlich die Rede auf den unerfreulichen Besuch, den sie gehabt hatte.

»Torralva?« schrie der Marchese und schien kaum noch von der Gegenwart seiner Tochter zu wissen. »Torralva! Der Name klingt immer in meinen Ohren. Ich will hin, ich will ihn aufsuchen. Er ist ja aber nicht mehr!« –

In demselben Augenblicke ertönten ganz leise die Worte durch das Zimmer: »Kann auch der Geist begraben werden mit dem Körper?« Und augenblicklich fiel der Marchese bewusstlos zu Boden. Auf das Angstgeschrei des tieferschütterten Fräuleins eilten Diener herbei. Aber sie sahen und hörten nichts, als den wieder zu sich gekommenen Marchese und dessen Tochter.

Von diesem Tage bis zu dem, welchen der Unbekannte ihrer Zusammenkunft bestimmt hatte, schien der Hausherr stets in trübe, düstere Betrachtungen verloren. Ahnungsvoll fürchtete die Tochter sein Aufsuchen des geheimnisvollen Fremden außerordentlich. Gleichwohl fehlte ihr der Mut, das Gespräch auf einen Gegenstand zurückzuführen, der ihren Vater sichtbar in den peinlichsten Zustand versetzt hatte. Um indessen ihn, so viel möglich, sicherzustellen vor Gefahr, zog sie einen alten mit den meisten Angelegenheiten des Hauses vertrauten Diener in das Geheimnis und gab ihm auf, seinem Herrn, wenn er jenen Gang tun würde, in einiger Entfernung, mit Waffen versehen, zu folgen.

Die dazu festgesetzte Nacht erschien. Constanze sah mit Grauen den Vater hinwegeilen und den bewaffneten Diener ihm nachgehen. In immer wachsender Sorge und Pein erwartete sie die Rückkehr noch, als schon der Morgen anbrach. Vergebens. Man fand den Marchese leblos an dem prachtvollen Monumente seiner zweiten Gemahlin liegen. Wunden hatte er keine, doch schien er unter heftigen Convulsionen[3] verschieden zu sein.

Die tiefbetrübte Constanze ließ es nicht fehlen an den genauesten Nachforschungen nach dem geheimnisvollen Unbekannten. Umsonst! Niemand hat ihn wiedergesehn. Die Geistlichen, welche den Leichnam zuerst erblickten, als sie zum Früh-Gottesdienst nach der Kirche gingen, fanden alle Türen verschlossen, wie sie solche in der Nacht verlassen.

Der Diener hatte übrigens, so weit es in seiner Macht gestanden, den Befehl seiner Herrin erfüllt. Er sah den Marchese, wie dieser von einem langen, ganz schwarz gekleideten Manne auf dem bemerkten Platze angeredet wurde. Allein sie verloren sich miteinander so schnell aus dem Mondlicht in die Schatten der Gebäude, dass wie rasch der Diener auch nacheilte, er ihre Spur nicht wiederfinden konnte. So still die Nacht war, so vernahm er doch einmal, oder glaubte wohl nur, ein Angstgeschrei zu vernehmen. Denn er konnte leicht in der heftigen Bewegung seines Herzens das Pfeifen des Nachtwindes, der über einen fernen Kanal hinrauschte, fälschlich für Angstgeschrei gehalten haben. Das ist indessen alles, was von dem so seltsamen Ereignisse bekannt worden.

Anmerkungen

1 Pferde des Lysipp: Über dem Mittelportal der St. Markuskirche angebracht; vier bronzene antike Pferde (1204 in Konstantinopel erbeutet); sie werden hier dem Lysipp zugeschrieben (Lysippos von Sikyon, Bildhauer, größter griechischer Bronze-Plastiker zur Zeit Alexander des Großen); die Bronze-Pferde sind aber wohl Arbeiten eines Bildhauers aus der römischen Kaiserzeit.
2 »Vengenza dal fepolero!«: Offenbar Verschreibung für ital./span. »Vengenza dal sepolcro!« (Rache des Grabes).
3 Convulsionen (lat., med.): Schüttelkrämpfe.

31. Die Bettdecke*

Erzählt von Herrn A. Sch.

Als ich in H. bei dem Kaufmann S. in die Lehre kam, wurde mir oben im Hause eine dem Anschein nach freundliche Schlafkammer angewiesen; hab auch bis auf die erste Nacht recht brav dort geschlafen. Zum ersten Mal aber gings mir wunderlich. Meinen großen Schwedensäbel, den ich schon damals immer vor mein Bett stellte, hatte ich auch dorthin mitgenommen und wie gewöhnlich auf den Stuhl neben mir hingelegt. Dann war ich, müde wie ich war, ins Bett gesprungen und wollte eben glücklich in den Schlaf hinübersegeln, als mit einem Male an meiner Bettdecke gezupft und gezogen wurde; unwillkürlich wickle ich das obere Ende um meine Schulter und denke, so soll's mir doch nicht davon gehen; aber ich irrte, mit einem starken Ruck wurde die Decke mir von der Schulter gezogen und fiel auf die Diele. Ohne noch an etwas Unheimliches zu denken, nehme ich sie ganz geduldig wieder auf, wickle mich nur umso fester hinein und schicke mich auf's Neue an zu schlafen. Es dauert aber nicht lang: – ruck! Da geht mir die Decke wieder von der Schulter und das auf die Diele. »Nun soll doch der Teufel dreinschlagen!« rief ich, sprang auf, nahm meinen Schwedensäbel und hieb damit in dem dunkeln Zimmer umher. – Pfst! ging es zischend und pfeifend durch die Luft. Dann war alles still. Ich legte mich wieder ins Bett und schlief ungestört bis zum Morgen. – Seitdem ist mir in dieser Stube nichts wieder passiert.

Ganz dasselbe passierte der Demoiselle[1] L. B., mit der ich (der Herausgeber)[2] vor mehreren Jahren eine Reise nach Jütland[3] machte. In N. logierten ihr Bruder und ich im Gasthause; sie aber bei der Frau des dortigen Apothekers, ihrer Jugendfreundin. Als sie kaum zu Bette gegangen ist, wird ihr ebenso dreimal die Decke weggezogen, die sie jedesmal geduldig wieder aufsammelt und dann endlich einschläft. An andern Morgen fragt sie ihre Wirte um die Ursache dieses sonderbaren Vorfalles, die ihr ganz naiv darauf antworten, sie wüssten dieselbe nicht; aber es passiere jedem, der dort schlafe.

Anmerkungen

1 Demoiselle (frz.): Fräulein.
2 Storm erzählt hier – als »Herausgeber« – offenbar eine von ihm selbst in Erfahrung gebrachte Geschichte.
3 Jütland: Dänische Provinz, nördlicher Teil der kimbrischen Halbinsel (nach Norden anschließend an das Herzogtum Schleswig).

32. Der Gespensterbesen[1]*

Erzählt von B.

Als mein Großvater noch als Schuhmachergesell wanderte, erzählte mein Barbier, kam er eines Tags in einer kleinen Stadt zu einem Meister, dessen Gesellen, wie er hörte, immer nach einigen Wochen wieder fremd[2] geworden waren. Der Meister war ein freundlicher behäbiger Mann und setzte meinem Großvater gleich nach seiner Ankunft ein tüchtiges Abendessen vor, dass er gar nicht begreifen konnte, wie es bei einem solchen Meister nicht sollte auszuhalten sein. Nach dem Essen wurde ihm oben in dem hintern Teile des Hauses ein kleines saubres Zimmer als Schlafkammer angewiesen, das ihn nach seiner mühsamen Wanderschaft recht freundlich zur Ruhe einlud. Ins Bett und in den Schlaf kam daher wie Blitz und Schlag. Er mochte indessen kaum einige Stunden geschlafen haben, so wurde er von einem Geräusch geweckt, als wenn die ganze Stube mit einem steifen Reisbesen[3] gekehrt würde. Er erhob sich, wischte sich die Augen, sah aber nichts, als die wenigen alten Stühle, die vom Mondlicht beschienen an den kahlen Wänden herumstanden. Das Kehren dauerte indessen wohl eine Stunde ununterbrochen fort, und mein Großvater fand trotz seiner Furchtlosigkeit in dem noch übrigen Teile der Nacht den Schlaf nicht wieder. Als er am Morgen zum Meister an die Arbeit ging, wusste er freilich wohl, weshalb dieser keine Gesellen zu halten vermochte. Er beschloss jedoch zu schweigen und auszuhalten. So gings denn auch wohl ein ganzes halb Jahr lang seinen Gang; Gesell und Meister vertrugen sich auf's Beste; aber auch der Gespensterbesen verrichtete jeden Abend sein Geschäft; die ganze Mitternachtsstunde kehrte und rumorte es, ohne jedoch meinem Großvater irgend ein Leides anzutun.

Da passierte es einst, dass er spät in der Nacht von einem Tanze nach Haus kam. Sein Schlafzimmer sah mit dem Fenster nach dem Garten; und er war eben durch die Gartenpforte gegangen, um so von hinten ins Haus und auf sein Zimmer zu gelangen, als er zufällig einen Blick nach dem Fenster hinaufwarf. Aber das Fenster war nicht dunkel wie die in dem untern Stockwerk; es saß etwas davor, weiß, wie eine Wolke oder eine Bettdecke und sah in den Garten hinab. – Mein sonst so mutiger Großvater hatte nicht das Herz auf sein Zimmer hinaufzugehen; er kehrte für die Nacht in die Herberge zurück und wurde Tags darauf fremd.

Anmerkungen

1 Diese Geschichte war später die Vorlage für eine der Spukgeschichten, die Storm in seiner Sammlung »Am Kamin« vortragen lässt (vgl. den Kommentar S. 169 und LL IV, S. 56–59).
2 fremd geworden waren: Eine neue (»fremde«) Stelle gesucht hatten (Grimm, DW: »Fremd sein« sagt man von Handwerksburschen, die keine Arbeit haben und wandern müssen).
3 Reisbesen: Reisigbesen.

33. Die nächtliche Unruhe

Erzählt von W. J.

Dass der Inhalt der nachstehenden Erzählung wörtlich wahr ist, kann ich um so mehr verbürgen, als auch ich Einer der Zeugen der nächtlichen Unruhe gewesen bin.

Es war in der Nacht vom 30sten auf den 31sten Mai 1823, als ich mit meiner Frau von einem Besuche bald nach 11 Uhr[1] nach meiner Wohnung zurückkehrte, die sich in dem geräumigen Hause eines wohlhabenden Kaufmanns in S. in der zweiten Etage befindet. Das Dienstmädchen, welches unsrer Rückkunft harrte, öffnete uns die Haustür; ich selber aber verschloss darauf die Tür und schob, wie ich es von je gehalten habe, den Riegel vor. Meiner Gewohnheit nach überzeugt ich mich auch noch durch Reißen und Drehen an der Klinke davon, dass die Tür wirklich verschlossen sei. –

Unsre Magd, die schon um 5 Uhr Morgens aufgestanden war, ging sogleich zu Bette; bald nachher auch meine Frau und ich. Indes konnte ich, der ich ohnedies an Schlaflosigkeit leide, nicht einschlafen; auch meine Frau war noch wach, als sich etwa um 12 Uhr ein seltsames Geräusch vernehmen ließ. Es war, als ob Jemand eine Haustür – wie es schien mit einem nicht passenden Schlüssel – öffnen wollte und nicht wohl konnte, und in Verzweiflung darüber zur Gewalt schritt. Das Geräusch wurde endlich so stark, dass meine Frau in der Meinung, es sei an der Haustür *unserer* Wohnung, aufstand, und aus dem Fenster sah. Aber in diesem Augenblick war Niemand zu sehen und nichts zu hören.

Gleich darauf entstand ein andres und weit stärkeres Geräusch; es war, als ob Jemand wohl verwahrte Türen und Fensterladen[2] mit eisernen Stangen erbrechen wollte. Der Lärm ward endlich so stark, dass, wenn er von Dieben verursacht wäre, diese höchst unvorsichtig gewesen wären, was solche Subjekte doch sonst gewöhnlich nicht sind. Die Verzweiflung über die Unmöglichkeit, die Tür oder die Laden zu erbrechen, schien in eine förmliche Wut überzugehn, welche alle Rücksichten, selbst die der gewöhnlichsten Klugheit bei Seite setzte. Selbst unsre Dienstmagd, obgleich sie bereits sehr fest schlief, wurde wach; sie sah aus ihrem Fenster, das nach dem Hofplatz geht, erblickte aber nichts. Während ich lauschte, war es plötzlich, als ob sich der Lärm in dem unter unserm Schlafzimmer befindlichen Laden vernehmen ließ. Ein gewaltiges Reißen und Brechen, als wenn eiserne Kasten mit aller Anstrengung gesprengt oder in der Diele befestigte Behälter losgerissen würden. Auch klang es einmal, als ob ein Stein aus der Mauer gebrochen und auf das Steinpflaster geschmissen würde.

Ich hatte indessen den Schwiegersohn meines Hauswirts wecken lassen, und mich eben in die notwendigste Kleidung geworfen, als das bis dahin mehr und mehr zunehmende Geräusch plötzlich schwieg. Wir untersuchten darauf den Laden, das daran stoßende Comptoir[3] u.s.w. – Alles in der besten Ordnung, inwendig keine Spur von Einbruch und auswendig ebenso wenig. Auch am Tage fand sich durchaus nichts, das auch nur den kleinsten Verdacht einer Gewalttat hätte begründen können.

Niemand, der mit dem Locale[4] bekannt war, konnte auch nur den geringsten wahrscheinlichen Grund dieser nächtlichen Unruhe angeben.

Anmerkungen

1   11 Uhr: Storm, der diese Geschichte selbst niedergeschrieben hat, hat sich hier offenbar verschrieben (Hs.: 12 Uhr); vgl. weiter unten: »um 12 Uhr«.
2   Fensterladen: Hölzene Schutzklappen vor den Fenstern (alte Form); Plural heute: Fensterläden (vgl. ebenso weiter unten: die Laden).
3   Comptoir (frz.): Kontor.
4   mit dem Locale (noch als frz. Fremdwort empfunden): mit der Örtlichkeit.

34. Der Schlossbrand zu Kopenhagen*

Erzählt von der K. S.

Kurz vor dem Brande des alten Kopenhagener Königschlosses[1] trat ein junges Mädchen in den Dienst der Herzogin L. A., welche damals im Schlosse wohnte. Man wies ihr eine kleine Schlafstube an, worin zwei Türen, einander grade gegenüber befindlich waren. Nachts erwacht sie von einem Lärm, als wenn Alles in der Stube über einander geworfen würde; beide Türen schlagen auf, und ein starker Zugwind streicht durch das Zimmer; sie setzt sich aufrecht im Bette, und sieht scharf hin nach allen Seiten, sieht aber nichts; wie sie nun immerwährend so scharf hinsieht, verschwindet Alles nach und nach, und sie sieht, dass auch die Türen wieder dicht zu sind. Sie denkt durchaus nichts Anders, als dass die Dienerschaft der neu Angekommenen einen Schrecken habe machen wollen, und beschließt, nichts zu sagen, aber ihre Türen fest zu verschließen, was sie auch den andern Abend ins Werk richtet. Grade im Einschlafen begriffen, wird sie von demselben Lärm geweckt, auch die Türen werden aufgerissen, und der Zugwind streicht ihr übers Gesicht. Zufällig schlägt sie den Blick in die Höhe, und sieht die blaue klare Luft mit allen Sternen, aber wieder wie vorhin verschwindet alles nach und nach vor ihrem scharfen angestrengten Blick (Man sagt, dass es mit solchem Gesicht immer so sei, dass es dem scharfen Untersuchungsblick nicht stehe, sondern dann allmählich vergehe).

So sehr sie sich es aber auch in der Nacht vornimmt, so wagt sie dennoch am Tage nicht sich Jemandem von all den fremden Leuten mitzuteilen, aus Furcht, verlacht zu werden. Wie es sich aber die folgende Nacht alles so wiederholt, sie auch wieder einen Augenblick die klare Luft mit den Sternen sieht, als ob das große massive Gebäude gar kein Dach habe, da wendet sie sich am andern Morgen an die Herzogin selber, ihr alles mitteilend. Diese aufgeklärte geistreiche Frau verlachte sie recht herzlich, erbarmte sich dennoch ihrer Schwäche, und ihres erbärmlichen Aussehens und ließ ihr ein andres Zimmer dicht neben dem ihrigen anweisen, wo sie ruhig schlief. – Nicht lange nachdem wurde diesem großen Gebäude seine starke Decke genommen durch den weitbekannten Brand, der sieben Tage dauerte, und von Mariens Stube sah man zum hellen Himmel auf, und der Wind pfiff ungehindert durch die leeren Räume.

Anmerkung

1 Kurz vor dem Brande des alten Kopenhagener Königschlosses: Schloss Christiansborg, 1733–40 von König Christian IV. erbaut, wurde 1794 durch eine Feuersbrunst gänzlich zerstört (im 19. Jahrhundert wieder aufgebaut).

35. Das Sofa*

Erzählt von D. St.

Mein liebster angenehmster Umgang in Fl.[1] war bei der Pastorin B.[2] einer alten liebenswürdigen und gebildeten Frau, mit der man sich so angenehm unterhielt, dass die Stunden gewöhnlich abhanden kamen, man wusste nicht wie. So war es auch eines Nachmittags fast dunkel geworden, ehe wir es gewahrten; da schien es mir, als ob die Antworten auf mein lebhaftes Gespräch nur ungern und leise erfolgten, und auf eine Frage erwiderte meine Alte bloß, und wie mir vorkam, etwas leise und feierlich:
»Marie, wir sollten wohl Licht haben«. – Marie zog sich in sich zusammen, sah sich halb nach der Tür um, schwieg und stand nicht auf. Diese war ein Mädchen zwischen 50 und 40 Jahren, die mir durch ihren Verstand und ihre Charakterfestigkeit so bekannt war, dass ich bei ihr auch nicht die leiseste weibliche Schwäche erwartete. Wir saßen am Fenster, Marie vor dem Tisch mit dem Rücken gegen die Tür, die sich am andern Ende der Stube befand, die Pastorin und ich zu beiden Seiten des Tisches. Ich hörte leise Tritte die Treppe heraufkommen und sich der Stubentür nähern, welche offen stand. Ich glaubte eine Enkelin der Pastorin komme herauf (ihre Tochter wohnte unten); wie ich aber das Schaudern der beiden Anwesenden bemerkte, wie die Schritte in die Tür und auf uns zukamen, ohne eine Person mit sich zu führen, da fühlte ich, wie es mir rieselnd über die Haut kroch.[3]
Keines wagte ein Glied zu regen, dennoch bedurfte es nur einer kleinen Weile, dass Marie ihre Fassung wieder gewann, und allein aus dieser selben Tür ging, um Licht zu holen; sie kam damit, und setzte es mit einem Schauer bezwungenen Schreckens auf den Tisch

vor einem Sofa, mitten in der Stube. Wie wir alle auf demselben Platz genommen hatten, mochte wohl mein fragendes Gesicht um Aufklärung bitten; doch wurde mir mit ein paar bestimmten Worten gesagt, dass ich mich bis nach Tisch gedulden müsse; endlich waren wir soweit; da machten Mutter und Tochter mir, wechselsweise, beide mit gedämpfter Stimme, folgende Mitteilung:

– Vor kurzem ist die Pastorin erkrankt, und Marie erbietet sich, die Nacht auf dem Sofa schlafen zu wollen, um in ihrer Nähe zu sein; legt sich auch nieder, und schläft ruhig ein. Mit einem Schauder wird sie durch leise Schritte erweckt, die dicht an ihr Lager treten, dann wird die Decke aufgehoben, und mit schwerem Seufzer streckt sich ein eiskalter Körper, der Länge nach neben sie hin. Marie erstarrt, und verliert das Bewusstsein; wie sie Alles aber am Morgen mit Entsetzen der Mutter berichtet, will diese ihren Ohren nicht trauen, dass Marie, ihre gesetzte, vernünftige Marie, solch dummes Zeug schwatze. Sie appelliert an ihre Vernunft, meint es spuke in ihrem eigenen Gehirn, zitiert alle Geschichten von Alpdruck und aufgeklärten Erscheinungen[4], alle Gesichter der Einbildung und der, durch verworrene Träume regen Phantasie, und bewegt Marie wirklich dahin, es mit dem Sofa noch eine Nacht zu versuchen. Diese unternimmt es; doch war für beide an Schlaf natürlich nicht zu denken. – So wie die Uhr 12 schlägt, hört sie dieselben leise schleichenden Schritte sich nähern, und nimmt ihr ganzes Bewusstsein, ihre ganze Fassung zusammen; doch, als sich wieder das eiskalte Gespenst der Länge nach neben sie ausstreckt, da presst sie den Angstruf »Mutter!« heraus. Diese, die es ebenfalls gehört, sagt mit frommer Zuversicht: »Bete, Marie!«

Mir wurde das Sofa zum Geschenk angeboten, ich dankte sehr.

Anmerkungen

1 Fl.: Wahrscheinlich Flensburg; denn die Erzählerin D. St. (= Doris Stamp; vgl. den Kommentar S. 162 f.) lebte eine Zeitlang in Flensburg.
2 B.: Hier hat Storm den vom Schreiber oder Abschreiber in Klammern hinzugefügten Namen »Böttcher« gestrichen.
3 da fühlte ich, wie es mir rieselnd über die Haut kroch: Diesen Passus hat Storm in den Text des unbekannten Schreibers oder Abschreibers hineinkorrigiert statt „da wurde mir unheimlich".
4 Alpdruck und aufgeklärte Erscheinungen: handschriftlicher Zusatz Storms.

36. Eine bis jetzt halberfüllte Prophezeiung

Die Frau des belgischen Gesandten in Paris, die Fürstin von Ligur, macht durch ihre Schönheit und ihre reizende Toilette das größte Aufsehen, zumal eine Prophezeiung ihr einen baldigen Tod verkündigt. Ihr Gemahl, der 1804 geboren ist, war noch sehr jung, als ihm prophezeit wurde, er würde vier Frauen haben, zuerst eine Französin, dann eine Belgierin, darauf eine Polin; die vierte, eine Italienerin, würde ihn vergiften. Bis jetzt ist die Prophezeiung buchstäblich in Erfüllung gegangen, denn der Fürst vermählte sich zum ersten Male mit Amalie von Lonflans, zum zweiten Male mit Charlotte von Trezequies und seine jetzige dritte Frau ist Hedwig von Wanda von Lubomirska[1]. Vergebens widersetzte sich die Mutter der Fürstin, aus Angst vor dieser Prophezeiung, der Verbindung; die kühne Polin fürchtete sich nicht und ist jetzt die Seele und Königin aller Feste in Paris!

Anmerkung

1   Wanda von Lubomirska: Lubomirski, altes polnisches Adelsgeschlecht (eine Fürstin Lubomirska war die Geliebte Augusts des Starken).

37. Todesahnung vor der Schlacht

Man hat bis auf den heutigen Tag mit großer Gelehrsamkeit für und wider Vorgefühle und Vorhersehungsvermögen gestritten. Den Verteidigern wollte es zwar – meines Wissens – noch immer nicht gelingen, das Wie gründlich darzutun; so lange sich aber ihre Gegner mit dem einfachsten aller Gegenbeweise behelfen, nämlich, die ihnen aufgeführten Facta[1] geradezu zu leugnen oder selbe auf Rechnung des Zufalls zu schreiben, dürfte der Streit wohl als unentschieden betrachtet werden. Ob übrigens die letztangeführte bequeme Erklärungsart auf nachstehenden Fall anwendbar sei, mag entscheiden, wer da will.

Das Vorspiel der ewig denkwürdigen Schlacht von Wagram (5. Juli 1809)[2] war beendet; – jener Schlacht, die, obschon gegen Übermacht und Zufall verloren, dem österreichischen Heere, wie dessen großem Führer, dennoch unverwelkliche Lorbeerkränze flocht. Der Feind war über den Rußbach zurückgeworfen, welchen er mit dem Bayonette[3] in der Faust überschritten hatte, und die Krieger beider Heere ruhten bei ihren Waffen von der blutigen Arbeit aus.

Kaum graute der Morgen, als das Infanterieregiment, in welchem ich zu dienen die Ehre hatte, Ordre erhielt, das vor dem rechten Flügel unserer Position gelegene, vom Feinde besetzte Dorf Großhofen, nebst der dort aufgestellten Batterie zu stürmen. Da trat mein Flügelcorporal – Wittenbart hieß der Brave – zu mir und bat, seine Uhr und Barschaft, das einzige Erbteil der Seinen, wo möglich in Sicherheit zu bringen, da er gewiss sei, diesen Morgen zu fallen. Von Niemandem, als diesem tapfern Krieger, der damals in der vollen Kraft des Lebens stand, hätte mich eine solche Anrede mehr befremden können, da selbst seine Geistesbildung jene seiner meisten Standesgenossen weit übertraf. Natürlich fragte ich vor Allem um den Grund einer so bestimmten Besorgnis; Folgendes war seine Antwort:

»Sie kennen mich, Herr Oberlieutenant, und werden es mir daher glauben, dass ich ohne alle Ängstlichkeit, ermüdet, von den gestrigen Strapazen, fest und ruhig bei der Gewehrpyramide meiner Leute einschlief. Da träumte mir – bevor wir geweckt wurden – ein Wesen von himmlischer Schönheit stände vor mir, und betrachtete mich durch geraume Zeit mit einem unbeschreiblichen Ausdrucke von Wohlwollen; von einem unnennbaren Gefühle zu ihm hingezogen, streckte ich meine Arme nach ihm aus, da sprach es: ›Heute noch wirst du bei mir sein, nimm dies Band zum Wahrzeichen.‹ – Und mit diesen Worten hing es mir ein breites rotes Band über die rechte Schulter und Brust; ich erwachte. Sie wissen, dass Furcht und Kleinmut meine geringsten Fehler sind, trotz dem halte ich mich für überzeugt, der heutige Tag sei der meines Todes, und bitte daher noch einmal um die Erfüllung meines Wunsches. Die Paar Taler übrigens, welche ich zurückbehalten habe, gehören dem Kameraden, welcher mir die Augen zudrücken wird, oder denen, die mich beerdigen.«

Vergeblich erschöpfte ich alle Vernunftgründe, ihm die Unzuverlässigkeit eines Traumes zu beweisen, – der Befehl zum Vorrücken endete meine nutzlosen Bemühungen.

Wir marschierten mit halben Divisionen rechts ab, setzten uns vor dem linken Flügel en colonne[4], und passierten solchergestalt ein seichtes Defilén[5], welches gegen den Feind ausmündete. Kaum gewahrten die Franzosen unsere Bewegung, als sie ihr schweres Geschütz auf den Ausgang des kleinen Hohlweges richteten, und Kugel auf Kugel in unsere Reihen sandten. Wohl Niemand wird es mir unter diesen Umständen verargen, wenn meine Augen mehr gegen die feindliche Batterie als irgend anders wohin gerichtet waren; da erblickte ich eine Kanonenkugel, welche ricochetiert hatte[6], und gerade auf mich zuflog. Zur Seite springen, und meinen Leuten zurufen: »Bückt euch!« – war das Werk eines Augenblicks, und dennoch kam meine Warnung zu spät; – mein braver Wittenbart lag – die rechte Schulter und Brust zerschmettert – regungslos am Boden, mein und sein Nebenmann (Ersterer bloß durch die Luft niedergerissen) neben ihm.

Ein Mann, welchen ich zurückließ, um zu sehen, ob noch Hülfe möglich sei, brachte, als wir in unsere frühere Position zurückgekehrt waren, die Nachricht von des Corporals Tode, und dessen ledernes Geldbeutelchen, welches der Entseelte noch krampfhaft in der Hand gehalten hatte. Es blieb samt seinem Inhalte das Erbteil dessen, welcher dem Gefallenen den letzten Liebesdienst erwiesen.

Anmerkungen

1 Facta (lat. Plur.): Fakten.
2 Schlacht von Wagram: Im Krieg gegen Österreich besiegte Napoleon am 5. und 6. Juli 1809 das österreichische Heer des Erzherzogs Karl bei Wagram (nordöstlich von Wien); die Österreicher standen – wie weiter unten beschrieben – auf den Höhen hinter dem Rußbach.
3 Bayonette (frz. baionnette): Seitengewehr.
4 en colonne (frz.): in Reihe, in Kolonne.
5 Defilén (frz.): Engpass; Verschreibung von »defilé«.
6 ricochetiert hatte: abgeprallt war (von frz. ricocher: abprallen).

38. Ein merkwürdiger Traum

Der noch in dem Andenken seiner Freunde lebende, durch musikalische Compositionen und sonst bekannte Freiherr Siegmund v. S. hatte etwa ein halbes Jahr vor seinem Tode folgenden Traum, den eine Frau von Stande nach seiner mündlichen Erzählung aufgezeichnet hat.

Ihm träumte: Es kam ein Mensch in gewöhnlicher Gestalt und Kleidung zu ihm, und sagte, er solle sich etwas von ihm ausbitten, ob er nämlich sein zukünftiges Schicksal erfahren, oder lieber seine vergangenen Schicksale alle der Reihe nach, noch ein Mal vor sich sehen wolle. S. sagte, die Zukunft wolle er Gott überlassen; es würde ihn freuen, wenn er sein vergangenes Leben ganz wie ein Gemälde vor sich sehen könnte.

Nun gab ihm der Mann einen Spiegel, in welchem er sich, als ein Kind von drei Jahren, und alle seine Hofmeistergeschichten[1] erblickte, die er damals gehabt, und deren er sich erwachsen kaum erinnert hatte, erschienen da so lebhaft und getreu, als ob sie erst wirklich geschähen. So gingen seine Kinder- und Jugendjahre in diesem Spiegel vor ihm vorüber, bis auch die Geschichte seines Aufenthalts in Italien an die Reihe kam. Hier hatte er eine Geliebte, die er gewiss würde geheiratet haben, wenn ihn sein Glück in Italien gelassen hätte. Diese sahe er nun im Traum auf einem Bette liegen, und ihm zuwinken; er ging zu ihr. »Wir müssen uns trennen«, sagte sie zu ihm »aber nicht lange, lieber S., denn ohne Sie kann ich nicht lange sein; nur müssen Sie mich auf einige Minuten allein lassen.« Er ging aus dem Zimmer, und als er kurz darauf wieder hereintrat, lag sie weit schöner, ja einer Verklärten gleich da; zu ihren Füßen tat sich ein Vorhang auf. – S. sagte, dergleichen herrlichen Anblick, als er da im Traume gesehen, könne er gar nicht beschreiben; er habe eine Menge schön verklärter Geschöpfe gesehen, alle seien vergnügt und in Bewegung gewesen, aber die Hellung habe seine Augen geblendet. Eine dieser Verklärten habe seine Geliebte bei der Hand gefasst, und langsam zu sich hingezogen, darauf sei der Vorhang niedergefallen. –

Nun wachte S. auf, und dachte dem besondern Traume nach, schlief aber wieder ein, und der nämliche Mensch erschien noch ein Mal, fragte ihn ob er zufrieden sei mit dem, was er ihm gezeigt habe, und ob er wohl noch alle Menschen zu sehen wünsche, die er in seinem Leben gekannt habe. S. sagte, dass es ihm das größte Vergnügen sein würde. Er erhielt nun aufs neue ein großes Glas, in welchem er der Reihe nach alle Bekannte, sowohl Lebende als Verstorbene vorbei gehen sahe, mit dem Unterschied, dass die noch lebenden Glücklichern ihn alle freundlich ansahen und stehen blieben; diejenigen aber, von denen er wusste, dass sie unglücklich und missvergnügt lebten, gingen Alle, mit der Hand vor den Augen schnell vorüber, und es fand sich auch nachher bestätigt, dass Alle, die mit der Hand vor den Augen schnell vorbei gegangen waren, und von denen er nicht gewusst, ob sie glücklich oder unglücklich seien, das Letzte waren. Dies erfuhr S., indem er nach diesem Traume von vielen alten Bekannten Erkundigungen einzog, die immer mit seinem Traumgesichte übereintrafen. Die Verstorbenen, die S. im Spiegel sahe, hatten eine ganz eigene, ausgezeichnete Kleidung. Sie blieben alle vor ihm stehen und winkten ihm freundlich mit der Hand, bis auf Einige, die wie ein Blitz und ebenfalls mit der Hand vor den Augen vorbei schwanden, doch so, dass er sie erkennen konnte. Dies war ihm das Erschrecklichste von seinem Traum, und wenn er darauf kam, brach er immer schnell ab, weil er sehr erschüttert wurde. — Er wachte nun wieder auf, stand auf und ging ans Fenster, um sich die Gedanken zu zerstreuen. Es schlug eben 3 Uhr. Endlich legte er sich wieder zu Bette, schlief ein, dachte im Traum seinem Traum nach, und machte im Traum ein Gedicht. Nun erwachte er wieder, stand auf, ließ sich Licht bringen, schrieb den ganzen Traum, das Gedicht und eine Musik dazu auf.

Einige Tage nach dem Tode des Herrn von S. kam auch die Nachricht von dem Ableben der Person in Italien, deren im Traum gedacht wird.

Anmerkung

1 Hofmeistergeschichten: Erlebnisse mit seinem höfischen Erzieher (Hofmeister im 18. Jahrhundert: Erzieher, Hauslehrer von Prinzen am Hofe).

39. Ein Mord durch einen Traum entdeckt

⟨*Aus der Abendzeitung*⟩[1]

In einem Dorfe bei Manchester war ein Mann von rechtlichem Charakter und gutem Verstande, Vermont, vor mehrern Jahren plötzlich und unbegreiflich verschwunden. Man hatte vergebens die sorgsamsten Nachforschungen nach ihm angestellt. Auf ein Mal träumt vor einigen Wochen einer Person, die ihn kannte, dass er ihr erscheine und entdecke, wie er von zwei Personen, welche er ihr nannte, ermordet worden, und diese ihn auf einen bezeichneten Platz, wenige Ruten[2] von einem jungen Bäumchen entfernt, welches auch an besondern Umständen kennbar, eingescharrt hätten. Derselbe Traum kam derselben Person drei Mal hinter einander vor dem Erwachen wieder. Jedes Mal schien der Verstorbene sorgfältiger auf Nachforschungen zu dringen. Jene Person war endlich dadurch veranlasst, einige Freunde zu bitten, und mit diesen den im Traume angegebenen Spuren nachzugehn. Und in der Tat entdeckten sie zu ihrer großen Verwunderung einen Baum, welcher dem beschriebenen auf jede Art glich, und unter ihm, dem Anschein nach, ein Grab. Als sie die Erde wegräumten, fanden sie ein Menschengerippe. Die beiden im Traume ebenfalls genannten Mörder wurden nun eingezogen, und bekannten nach wenigen Tagen die Tat. Sie hießen Stephan und Josua Brown, und wurden am 18ten Januar 1820 hingerichtet.

Anmerkung

1 Die Quellenangabe »Aus der Abendzeitung« hat Storm nachträglich gestrichen. Die Quelle konnte nicht identifiziert werden.
2 Ruten: Rute, altes Längenmaß, etwa 3,8 Meter.

40. Der Neubau*

Erzählt von Frau P. L.

Während meines Aufenthalts in Schottland besuchte ich sehr oft den Herrn N., der ohnweit Edinburgh auf einem schönen Landhause wohnte. Bei einem dieser Besuche führte er mich in den schönen Umgebungen seines Besitzes umher, und ließ mich hie und dort die prächtigsten Aussichten genießen. So kamen wir auch auf einen Punkt, der mir für die Lage eines Landhauses besonders geeignet schien, und ich fragte meinen Begleiter, weshalb er das seinige, das vor kurzen Jahren von ihm war auferbaut worden, nicht dorthin gesetzt habe.

»Sie haben«, erwiderte er, »in dieser Beziehung ganz meine Ansicht getroffen; auch ich war dazumal Willens das Haus hier erbauen zu lassen; aber ein sonderbares Ereignis vereitelte die Ausführung.« – Ich bat ihn mir dasselbe mitzuteilen und erfuhr nun Folgendes.

Der Plan, den Bau an dem bezeichneten Orte aufzuführen, war wirklich schon so weit gediehen, dass bereits die zur Legung des Fundamentes nötigen Ausgrabungen vorgenommen wurden, als die damit beschäftigten Arbeiter sich eines Nachmittags insgesamt bei Herrn N. einfanden und ihm erklärten, sie würden an jenem Orte nicht weiter arbeiten. Auf seine erstaunten Fragen eröffneten sie ihm, sie wären beim Graben in die Tiefe auf die Trümmer eines alten Hauses gestoßen; aus diesen sei plötzlich ein Mann in der alten verschollenen Tracht vergangener Jahrhunderte mit Seidenmäntelchen und geschlitztem Kleide hervorgestiegen und langsam vor ihren Augen über die Äcker fortgegangen und so allmählich am Horizonte verschwunden. – »Nichts«, fügte Herr N. hinzu, »konnte die Leute zur Fortsetzung ihrer Arbeit an diesem Orte bewegen, und so wählte ich denn gezwungener Weise den allerdings weniger passenden Platz für die Aufführung meines Hauses, an welchem Sie es jetzt sehen.«

41. Das Gesicht des Nachtwächters*

Erzählt von Frl. Ch. Sch.

In dem Städtchen O... hatte sich eines Nachts im Herbste, als der Wind gar zu kalt durch die Gassen fegte, der Nachtwächter in ein leer stehendes Schilderhaus geflüchtet und war dort sanft entschlummert. Grade gegenüber wohnten dicht neben einander zwei Ärzte. Der Nachtwächter mochte eine Zeitlang geschlafen haben, als es ihm vorkam, er höre den Gesang eines Totenliedes, womit der Küster und seine Schule bei Begräbnissen den Leichenzug zu begleiten pflegte. Er hörte es anfangs halb im Traum, dann aber immer deutlicher, und als er endlich die Augen öffnete und vor sich nach den beiden vor ihm liegenden Häusern hinüberblickte, sah er aus jeder Haustür einen Leichenzug mit großem Gefolge herauskommen. Er erkannte fast alle Personen des Gefolges, und sah die Stadtschule dabeistehen und fortwährend den ihm wohlbekannten Choral absingen. Der Nachtwächter, der im Gesangbuch wohl bewandert war und alle Melodien inne hatte, auch jeden Sonntag Morgens und Nachmittags in der Kirche ein gewaltiger Sänger war, konnte der Versuchung nicht widerstehen, er stimmte mit ein, und begleitete mit lauter Stimme den Gesang bis zu Ende aus. Darüber wurden die anwohnenden Bürger aus dem Schlafe und aus den Betten geschreckt, rissen die Fenster auf und blickten auf die Straße hinab. Da sie aber nicht, wie der Nachtwächter, die Leichenzüge sahen und den Gesang der Schule hören konnten, so mussten sie natürlich sehr erstaunt sein, die wohlbekannte Stimme ihres Nachtwächters aus dem Schilderhause mit lautem andächtigem Vortrage einen Leichengesang singen zu hören. — Indes war das Lied zu Ende, die Fenster wurden zugeklappt, die beunruhigten Bürger und ihr treuer Nachtwächter schliefen glücklich wieder ein.

Die Sache war jedoch zu Vielen bekannt geworden, und die Polizei hielt es für nötig, den Nachtwächter wegen seines frommen Gesanges in Verhör zu nehmen; dieser zog es nun freilich vor, der hohen Behörde über seine Beweggründe keine näheren Erläuterungen mitzuteilen; erzählte dagegen allen andern die Geschichte desto bereitwilliger, dass sie gar bald in Jedermanns Ohren war. – Kaum waren vier Wochen vergangen, so starben wenige Tage nacheinander die beiden Ärzte, und aus den Häusern kamen die Leichenzüge mit Gefolge und Gesang, wie der Nachtwächter es im Spiegel des Gesichtes gesehen hatte.

42. Das Turmgemach*

Erzählt von Frl. Ch. v. K.

Das Herrenhaus des Gutes A... auf Seeland[1] ist ein sehr altes Schloss, welches von dem Gutsbesitzer, dem Grafen L. nur zum Teile benützt wird. – Vor einigen Jahren wurde in dem Flügel, wo sich das Schlafgemach der beiden Töchter des Gutsherrn befand, eine durchgreifende Reparatur erforderlich und der Graf sah sich genötigt, den beiden jungen Damen in währender Zeit ein unbewohntes Zimmer in dem obern Stockwerke eines alten Turms des Schlosses zum Schlafgemach einrichten zu lassen. – Den jungen Damen war diese Einrichtung zwar nicht ganz nach Wunsch, denn der Turm lag am äußersten Ende des andern Flügels; indes die Sache war nicht zu ändern; auch nahm sich das alte Zimmer, nachdem die Comforts[2] der jungen Damen hineingeschafft waren, gar so übel nicht aus. Den ersten Abend, an welchem die neuen Bewohnerinnen es bezogen, begaben sie sich zeitig zu Bette und versanken bald darauf in den gesunden Schlaf der Jugend. – Sie mochten einige Stunden geschlafen haben, als die Älteste durch ein Geräusch erweckt wurde, welches aus der Mauer zu kommen schien, an welcher ihr und ihrer Schwester Bett stand. Sie weckte diese nun gleichfalls und die beiden jungen Mädchen saßen bald ängstlich mit verhaltnem Atem horchend aufrecht im Bette. Das Geräusch hatte sich verloren; bald indes schien es wieder aus der Tiefe herauf zu kommen, und sie vernahmen nun deutlich, als wenn in der Mauer Jemand langsam eine Treppe hinaufsteige; dazwischen klirrte es, als wenn es eine schwere Kette trüge, die mitunter auf steinernen Treppenstufen hintenach schleppte oder zu beiden Seiten an eine Mauer schlüge. So tappte es langsam nach oben; dann stand es still und tappte dann eben so wieder hinunter tiefer und tiefer, bis endlich alles ruhig wurde.

Die jungen Damen fanden indes vor Grauen den verlorenen Schlaf nicht wieder, und traten am andern Morgen mit ziemlich überwachten Gesichtern ins Wohnzimmer, wo sie beim Morgentee ihrem Vater sogleich die überstandne Angst mitteilten. Dieser wollte jedoch nichts davon wissen und behauptete, seine Töchter hätten geträumt; denn in jenem Turme gäbe es keine Treppe, welche neben, geschweige denn in jener Mauer sich befinde[3]; als sie ihn indes darauf aufmerksam machten, dass sie beide ganz genau dasselbe gehört hätten und beteuerten, unter keiner Bedingung allein wieder in jenem Zimmer schlafen zu können, so versprach der Graf, die nächste Nacht bei ihnen zu wachen, um so die Sache selbst gehörig untersuchen zu können. – Dies geschah; die beiden jungen Damen begaben sich zu Bett, während ihr Vater sich mit Zeitunglesen an einem nahestehenden Tische beschäftigte. So verstrich einige Zeit nach Mitternacht; da rührte sich etwas wie in der Tiefe der Grundmauern; dann tappte es langsam, wie in der vorigen Nacht in der Mauer hinauf, welche die eine Wand des Zimmers bildete; dann stand es still; dann tappte es ebenso stufenweise wieder hinab; daneben klang es mitunter wie von einer eisernen Kette; tief unten endlich verschwand es. – Der Graf hatte Alles gehört; die Tatsache war nicht mehr zu bezweifeln. Er suchte daher seine beiden Töchter zu beruhigen, versprach sie nicht zu verlassen und brachte den Rest der Nacht schlafend in einem Lehnstuhl zu.

Am andern Morgen ließ der Graf Maurer kommen und von dem Zimmer aus ein Loch in die Mauer brechen. Bald bemerkte man, dass dieselbe hohl sei, und entdeckte nach vollendeter Arbeit einen Treppengang, welcher in die Tiefe hinabführte und so schmal war, dass sich kaum ein Mensch seitwärts darin hinabbewegen konnte. Zwei Maurer entschlosssen sich mit einer Laterne in den Gang hinabzusteigen und die Obenstehenden hörten das Geräusch ihrer Tritte tiefer und tiefer wie unter den Grundmauern des Turms verschwinden. Dann war's eine Zeitlang still; die Obenstehenden hielten den Atem an. Plötzlich drang ein kreischender Schrei zu ihren Ohren, der aus der tiefsten Tiefe kam, und bald hörten sie die Schritte der Hinabgegangenen in augenscheinlicher Eile wieder nach oben kommen. Endlich stiegen sie mit entsetzten Gesichtern wieder hinauf ans Tageslicht und berichteten, der enge Gang führe immer in der Mauer durch den ganzen Turm hinab und wohl noch tief unter demselben in ein enges von keinem Tageslicht berührtes Verlies. Als sie sich in demselben umgesehen, hätten sie in der einen Ecke ein altes Bettgestell mit etwas verfaultem Stroh erblickt und auf demselben in sitzender Stellung mit Ketten an Händen und Füßen das vollständig erhaltene Gerippe eines Menschen. Vor Entsetzen hätten sie den oben gehörten Schrei ausgestoßen, wobei ihnen die Laterne aus der Hand gefallen und das Licht erloschen sei.

Anmerkungen

1 Seeland: Größte Insel Dänemarks, auf der die Hauptstadt des Landes, Kopenhagen, liegt.
2 die Comforts (engl.): die Bequemlichkeiten.
3 Dieser Satz (von »denn« bis »befinde«) ist von Storm nachträglich in den Text zwischen den Zeilen eingefügt und auf dem folgenden Blatt noch einmal wiederholt mit dem Hinweis: »falls der Setzer das Eingeschobene nicht lesen könnte!«.

43. Das Gelächter*

Erzählt von Frl. Ch. v. K.

Ein alter Dorfprediger im Herzogtum H... saß eines Winterabends nach dem Vesperbrode mit seiner ebenso betagten Ehefrau im traulichen Gespräche, das sich um den Besuch ihres einzigen Sohnes drehte. Dieser hatte erst vor Kurzem ein junges Mädchen aus einer entfernten Stadt geheiratet und wollte nun zum ersten Male die junge Frau seinen bejahrten Eltern vorstellen, welche wegen der Entfernung und ihres hohen Alters bei der Hochzeit selbst nicht hatten gegenwärtig sein können. — In diesem freundlichen Gespräche wurden die beiden Alten plötzlich durch ein schallendes Gelächter gestört, das aus dem anstoßenden größern Zimmer, dem sogenannten Saale, herzudringen schien, welcher bei Visitationen und bei sonstigen feierlichen Gelegenheiten das Gesellschaftszimmer der Pfarre abgab. — Das Gespräch der beiden Eheleute verstummte, beide horchten nach jener Seite hin; denn es ging keine Tür in den Saal, als die aus dem Wohnzimmer, worin sie eben saßen und sie konnten sich nicht denken, dass Jemand drinnen sei. Der alte Mann nahm stillschweigend das Licht und ging in den Saal hinein; aber es war wirklich Niemand da. — Dies seltsame und unheimliche Geräusch wurde, eben wie an diesem, noch an den beiden darauffolgenden Abenden von dem Prediger und seiner Frau gehört, ohne dass sie einer Ursache desselben hätten auf die Spur kommen können.

Endlich war die Zeit des ersehnten Besuches herangekommen, der Sohn mit seiner jungen Frau auf das zärtlichste empfangen und Alles voller Freude. Nach einigen Tagen war ihnen zu Ehren eine muntre Gesellschaft in dem Saale versammelt. Als das Abendessen eingenommen war und die Unterhaltung wieder freiern Raum gewann, musste auf den Vorschlag Eines aus der Gesellschaft Jeder der Reihe nach eine komische Geschichte erzählen. Einer überbot dabei noch immer den Andern; die Geschichten wurden immer toller, so dass sogar der alte Pastor in die ausgelassene Heiterkeit miteinstimmte. Keiner aber lachte mehr als der Sohn desselben, er konnte gar nicht wieder aufhören, als schon die Andern alle zur gesetzten Ruhe zurückgekehrt waren; man wusste nicht, was man aus diesem unauslöschlichen Gelächter machen sollte, das zuletzt krampfhaft, grauenvoll wurde. Plötzlich hörte es auf; der junge Mann stürzte tot von seinem Stuhle.

44. Das Goldstück*

Erzählt von Frl. D. St.

Ein Grobbäcker[1] zu Fl.[2] stand eines Morgens mit seiner zweiten Frau eifrig den Teig knetend vor seinem Backtrog, als die Frau, die sich zufällig umgesehen, einen lauten Schrei ausstieß, und bewusstlos in den Teig stürzte; der Mann, der sich vergebens nach einer Ursache ihres Schreckens umsah, tat sein möglichstes, sie ins Leben zurückzubringen: — »Sahst du sie?« war ihr erstes Wort an ihn; und wie sie hörte, dass er nichts gesehen, erzählte sie, es sei ihr gewesen, als ob sie etwas leise berühre, das sie wie ein Grausen durchrieselt, worauf sie sich umgesehen, und Metta, ihre vor 8 Tagen begrabene Stieftochter, gewahrt habe, die mit trauriger Miene ihr zu folgen gewinkt. Der Mann erschöpfte seinen ganzen Wörtervorrat, um ihr den Spuk aus dem Kopf zu bringen, in welchem er nach seiner Behauptung allein existiere. Als aber am andern Morgen das nämliche sich ganz auf dieselbe Weise wiederholte, und die Frau sich an allen Gliedern zitternd zwischen ihn und den Trog presste, da wurde doch auch ihm graulich, und die Sache bedenklich, obgleich er auch nicht das Geringste sah.

Mit feierlicher Miene trat er Nachmittags bei seinem Pastor ein, und trug ihm das Erlebte vor, bittend, dass er sich der armen Seele annehmen möge, so sie vielleicht noch etwas drücke.[3] — Der Pastor versprach es, und kam zur bestimmten Stunde. Glücklicherweise besaß er einen feineren Sinn wie der Bäcker, und sah das Mädchen; er winkte den Eltern, sich zu entfernen; dann trat er einen Schritt zurück, schlug ein Kreuz, und sagte mit fester Stimme: »Im Namen Gottes beschwöre ich dich, mir kund zu tun, was dich noch auf dieser Erde hält!« — Sie winkte bittend, ihr zu folgen; er tat es, bis sie vor einer alten Kiste stehen blieb, worauf sie flehend hinwies; er hob den schweren Deckel auf, und fand lauter altes Gerümpel darin; sie zeigte tief in die eine Ecke hinunter. Er untersuchte, und brachte Manches hervor, wozu sie traurig den Kopf schüttelte; endlich, wie er einen alten zusammen gewickelten blauen Lappen erfasste, schien sie befriedigt, er wickelte ihn auseinander, und ein altes Goldstück kam zum Vorschein. Er sagte: »Hast du es entwendet?« – sie nickte traurig – »Deiner Mutter?« – sie nickte wieder. – »Ich stelle ihr es wieder zu«, sprach er mit Weihe, »verspreche dir in ihrem Namen Verzeihung, und werde für deine reuige Seele zu Gott beten, zu welchem du dich nun entsündigt erheben mögest.« – Wie er geendet, war sie verschwunden, und wurde nie wieder gesehen. –

Er brachte nun der Mutter das Goldstück, die es mit lautem Freudenruf ergriff, und dem Pastor erzählte, dass es ein altes Erbgut, und schon über 100 Jahre in der Familie sei, woran sich außerdem noch eine wichtige Begebenheit aus dem Leben ihres Urgroßvaters knüpfe; sie habe dessen Verlust heiß beweint, und noch am Sterbebette der Tochter (wie diese schon sprachlos gelegen) sich gegen eine Freundin tief darüber beklagt, ohne die Tochter auch nur im Geringsten in Verdacht gehabt zu haben. Es wurde dahin erklärt, dass diese sich gewiss die Stunde dazu ausersehen, es zu nehmen, als beide mit den Händen in dem Teig standen, weil sie zu der Stunde erschien. —

Das Mädchen war 13 Jahre alt.

Anmerkungen

1 Grobbäcker: Bäcker, der nur Schwarzbrot backt (Grimm, DW).
2 Fl.: Vgl. Anm. 1 zu Nr. 35.
3 Hier hat Storm in den von der Erzählerin (Doris Stamp; vgl. Kommentar S. 162) diktierten oder von einem Abschreiber hergestellten Text verbessernd eingegriffen: Der umgangssprachliche Ausdruck »so ihr noch etwas drücke« ist von ihm korrigiert zu »so sie vielleicht noch etwas drücke«.

45. Cazottes Prophezeiung der Revolutionsschrecken[1]

Anmerkung

1 Die Handschrift dieser 45. Spukgeschichte ist verlorengegangen. Wahrscheinlich war Storms Vorlage J. H. Jungs »Theorie der Geisterkunde«, Nürnberg 1808, wo eine entsprechende Geschichte aus »hinterlassenen Papieren« von La Harpe, einem »Mitglied der königlichen Akademie der Wissenschaften, diesem Hauptsitz der Religionsspötterey und des Voltairischen Unsinns, in Paris«, auf Seite 159–167 abgedruckt ist.

46. Alchemisten

a.

Borellus, ehemaliger Leibarzt des Königs von Frankreich, erzählt, dass ein Seifensieder Rechier und Bernhardus germanus zu Paris Menschenblut destilliert hatten, weil sie es für die echte Materie des so lange gesuchten Steines der Weisen hielten. Allein bald erblickten sie in dem Destillierkolben die Gestalt eines Menschen, von welchem blutige Strahlen auszugehen schienen. Sie zerbrachen hierauf das Glas, und fanden in dem noch übrigen Hafen[1] die Gestalt eines Schädels.

b.

Der Engländer Robertus Fend (de fluctibus, de myst. hang. anect.)[2] erzählt, dass ein Scheidekünstler[3] zu Paris namens La Pierre von einem Bischof Blut bekommen habe, um damit zu laborieren. Er setzte dasselbe eines Sonnabends auf das Feuer, und fuhr mit unterschiedenen Graden von Hitze eine ganze Woche in seiner Arbeit fort. Als er nun am folgenden Freitag in einer Kammer, nahe bei seinem Laboratorium, eingeschlummert war, wurde er durch ein plötzliches Geschrei erweckt, das mit dem Brüllen eines Ochsen oder Löwen zu vergleichen war. Endlich hörte die Stimme auf, und da die Kammer vom Mondschein ganz erleuchtet war, so sah der erwachte Scheidekünstler zwischen seinem Bett und dem Fenster eine dicke lichte Wolke von länglich runder Gestalt hervorkommen, welche nach und nach die völlige Gestalt eines Menschen darstellte und nach einem lauten durchdringenden Geschrei wieder verschwand. Es hatten aber nicht nur einige vornehme Leute in den nächstliegenden Zimmern, sondern auch der Wirt und seine Frau, welche unten im Hause ihre Wohnung hatten, ja gar die gegenüberwohnenden Nachbaren das Gebrüll und Geschrei aufs Deutlichste vernommen, auch waren Einige dadurch aus dem tiefsten Schlafe aufgestört worden. Indes erinnerte sich der bestürzte Scheidekünstler, von dem Bischof, der ihm das Blut gegeben, vernommen zu haben, dass wenn Einer von denen, welchen das Blut abgezapft sei, in währender Fäulung und Auflösung stürbe, dessen beunruhigter Geist gar oft dem Laboranten erscheine. –

Am nächstfolgenden Sonnabend nahm er die Retorte aus dem Destillierofen, und nachdem er sie mit einem kleinen Schlüssel zerschlagen, fand er in dem übriggebliebenen Blute einen natürlichen Menschenkopf mit einem Gesichte, Nase, Augen und Haaren vorgestellt, der aber eine weißlich gelbe Farbe an sich trug.

Das Letztere haben nach des Erzählers Bericht unter Andern der Herr von Bordalone, Geheimer Sekretär des Herzogs von Guise[4] vernommen und ist es von dem Herrn des Hauses und vielen Andern bestätigt worden.

Anmerkungen

1 Hafen: Geschirr, Topf, Behälter (Grimm, DW).
2 Robertus Fend (de fluct., de myst. hang. anect.): Gemeint ist offenbar Robertus de fluctibus, genannt: Fludd (1574–1637), englischer Naturphilosoph und Arzt in London.
3 Scheidekünstler: Chemiker (Grimm, DW).
4 Herzog von Guise: Guise, adelige französische Familie (Nebenzweig des Hauses Lothringen).

47. Die Spiegel

a.

Madame F. zu L. legte eines Tages beim Plätten das Bräutigamshemd ihres Mannes aufs Bette und vergaß es beim Abräumen dort. Nach einigen Stunden fiel ihr das Hemd wieder ein; als sie es aber holen wollte, war es verschwunden; und alle Mühe des Suchens war vergebens. Weder auf die Muhme, noch auf die Köchin fiel ein Verdacht; endlich erteilte die Schwester der Madame F. den Rat, diese Angelegenheit einem klugen Manne vorzulegen, der nicht weit davon seinen Wohnsitz hatte. Gesagt getan; die Reise wurde gemacht, und als man daselbst angelangt war, ließ der Mann sie in einen mittelmäßig großen sehr klaren Spiegel sehen, in welchem sie zu ihrer Verwundrung das ganze Zimmer der Madame F. und das Hemd auf dem Bette liegend erblickten. Bald darauf sahen sie die Muhme in die Stube treten, das Hemd vom Bett nehmen, sich dasselbe unter ihren Röcken um den Leib binden und dann wieder zur Tür hinausschleichen. – Als sie dies gesehen, bezahlten sie und fuhren ganz erschreckt wieder nach Hause. Kaum sind sie auf freiem Felde, so erhebt sich ein Sturm, die Pferde werden wild und unter tausend Seufzern und Gewissensvorwürfen gelangt man endlich nach Hause. Die gute Frau F. kann ihre Bestürzung nicht verbergen und erzählt Alles ihrem Manne; dieser nimmt die Muhme ins Gebet, und fragt, ob sie denn wirklich das Hemd nicht gesehen; sie will indes von keinem Hemde wissen. – »Aber«, sagte Herr F., »wo hat sie es denn hingebracht, da sie sich's unter den Röcken um den Leib gebunden und mit sich zur Stube hinausgenommen hat?« Da fing die Muhme an zu weinen und rief: »Ach, lieber Herr F., ich hab' es verkauft! Woher wissen Sie es denn?«

b.

Herr L. in N. besuchte einst eine Verwandte, der eben eine fette Gans gestohlen war. Um wo möglich dieselbe wieder zu erhalten, beschloss sie zu einem klugen Mann zu schicken, und Herr L., obgleich er kein Kristallgläubiger war, übernahm diesen Auftrag aus Neugierde. – Als er den Mann von seinem Wunsche unterrichtet hatte, ließ dieser ihn in einen Spiegel sehen, und hier sah er nun die Nachbarin seiner Verwandten, welche die Gans abgeschlachtet zwischen den Beinen hielt und rupfte. Der Mann wollte, dass man der Nachbarin etwas antun solle; Herr L. wollte dies nicht. »Nun«, sagte der kluge Mann, »so geben Sie ihr nur im Spiegel eine Ohrfeige!« Hierauf knipste Herr L. nur mit dem Finger ein wenig an ihre Nase; dann geht er zu seiner Verwandten, um ihr das Resultat mitzuteilen, und darauf zur Nachbarin, und fragt nach der Gans seiner Muhme; er habe gehört, dass sie bei ihr sei. Die Nachbarin hat ein verbundenes Gesicht, gibt ihm aber die Gans und sagt: »Da ist sie! Ich dachte es wäre meine Gans; als ich aber halb fertig mit ihr war, merkte ich, dass es nicht meine sei, und wurde mir ganz übel dabei.« – »Was fehlt Ihr denn in der Nase?« fragte L. – »Ich weiß es nicht«, sagte das Weib, »es fuhr mir gestern in die Nase und nun tut's so weh, dass ich es kaum aushalten kann.« –

Vier Wochen aber war sie noch krank an ihrer Nase.

48. Die Schattenmännerchen

Zu einem Arzte in xxx kam eines Tags ein ältlicher Mann, um sich von ihm wegen eines wunderlichen Vorfalles in seiner Familie Rats zu erholen. Seine Schwiegertochter, erzählte er, habe ihm vor einigen Wochen ein Enkelchen geboren, welches auch bereits getauft worden sei. Den Tag nach der Taufe habe seine Frau, als sie gegen Abend Licht in die Stube gebracht, an der Wand etwas hin und her hüpfen sehen, worüber die im Bette liegende Wöchnerin gar sehr erschrocken sei, und ohne ein Wort über die Lippen bringen zu können, nur mit der Hand nach der Wand gewiesen habe. Beide Frauen hätten nun gesehen, dass mehrere bewegliche Schatten, wie kleine Kinder, an der Wand hin und her gesprungen, sich auch bald dem Bette genähert, bald wieder davon entfernt hätten; am meisten aber hätten sie sich dahin gewendet, wo das Kind gelegen und habe es geschienen, als ob sie dasselbe nehmen wollten. Dies dauere eine Viertelstunde und geschehe alle Abende, sobald Licht gebracht werde. Außer der Wöchnerin und der Frau des Ratfragenden bezeugte er selbst und sein Sohn so wie auch eine Nachbarin, diese Vorgänge mit eigenen Augen wahrgenommen zu haben.

Der Arzt gab nun in verschiedenen Zeiträumen Mittel wider Verschleimung und dickes Geblüt, verordnete Aderlass und dergleichen mehr; allein der Mann kehrte immer mit der Nachricht zu ihm zurück, dass die verordneten Mittel zwar wohltätig auf seine Schwiegertochter einwirkten; dass aber die Männerchen an der Wand nach wie vor ihren Besuch abstatteten. – Endlich rief die Frau des Doktors ihren Mann in die Bibliothek und riet ihm, dem Manne die Weisung zu erteilen, sie möchten die Männerchen an der Wand einmal tüchtig durchpeitschen. Mit diesem Rat begab der Mann sich nach Hause, und schon am selben Abende wurde er befolgt und mit dem besten Erfolg; denn als am darauf folgenden Abend Licht gebracht wurde, blieben die Schattenmännerchen weg.

Als nun der Mann seinen Doktor von dieser glücklichen Kur unterrichtete, riet dieser ihm sich zu erkundigen, ob jemand im Dorfe krank sei, und, wenn er solches erfahren, den Kranken zu besuchen, und zu bemerken, wie er aussähe und was er sagen werde. – Schon am folgenden Tage brachte er die Nachricht, dass die Kindmutter auf den Tod daniederliege; sie habe ihm bei seinem Besuche keine Antwort geben wollen, jedoch habe er gesehen, dass sie im Gesicht voller Striemen und Beulen sei. Ihre Tochter habe gesagt, sie sei in die Dornen gefallen. Auf die Erkundigung des Doktors, ob die Wöchnerin der Kindmutter etwas zuwider getan, versetzte der Mann, er wüsste nichts, als dass diese Frau durchaus ihre Tochter an seinen Sohn habe verheiraten wollen, und da dies nicht geschehen, sei sie immer ungehalten auf seine Schwiegertochter gewesen.

49. Der Hofprediger

Auf einem sächsischen Hofe starb im vorigen Jahrhundert der Hofprediger. Zur selben Zeit, da er verschied, trat er im nötigen priesterlichen Ordenat[1] mit einer ehrfurchtsvollen Verbeugung zu dem Herzog ins Zimmer. Auf des Herzogs Frage, was sein Verlangen sei, machte er eine abermalige Verbeugung, ohne jedoch ein Wort zu reden. Der Herzog wiederholte seine Frage, und als der Hofprediger abermals mit einer stummen Verbeugung antwortete, wurde er unwillig und verbot ihm, künftig mit solcher Freiheit zu ihm zu kommen. Die Gestalt des Hofpredigers ging hierauf mit einer stillschweigenden Ehrfurchtsbezeugung aus dem Zimmer, die Treppe hinunter und über den Hof. Der Herzog sah ihm durchs Fenster nach und bemerkte noch, wie der Wind in den Mantel des Hofpredigers wehte.

Gleich darauf ließ er durch einen Pagen fragen, was der Geistliche von ihm gewollt habe, und erhielt die Antwort zurück, dass er soeben gestorben sei. Der Herzog, der dies bezweifelte, schickte nochmals den Pagenhofmeister[2] um sichere Nachricht zu erhalten. Er erhielt jedoch dieselbe Antwort unter dem Beifügen, dass, als die Frau des Hofpredigers die Größe ihrer Betrübnis gegen den Sterbenden geäußert, dieser sie mit der Fürsorge Gottes und der Gnade des Fürsten getröstet, zugleich auch Tinte und Feder gefordert habe, um sie der Herrschaft schriftlich empfehlen zu können, indessen habe er dasselbe wegen Mattigkeit und seines schleunig erfolgten Todes halber nicht vollenden können. – Der Anfang dieses Schreibens wurde dem Herzoge vorgelegt.

Anmerkungen

1 im nötigen priesterlichen Ordenat: in der vorgeschriebenen priesterlichen Amtstracht (Grimm, DW: nötig = unerlässlich).
2 Pagenhofmeister: Erzieher der Pagen (vgl. Anm. 1 zu Nr. 38).

50. Die Bibelstelle[1]

Becker, Professor der Mathematik und Hauptpastor an der Jakobs Kirche in Rostock[2], geriet einst mit mehreren guten Freunden, die er in seinem Hause bewirtete, in einen theologischen Streit. Zur Schlichtung desselben ging er in seine Bibliothek, um dort das Buch zu holen, über welches der Streit geführt wurde. Als er die Tür öffnet, sieht er sich selbst am Tische auf dem Stuhle sitzen, dessen er sich gewöhnlich zu bedienen pflegte. Er ging hierauf näher und sah dem Sitzenden über die rechte Schulter, wo er bemerkte, dass sein Doppelgänger mit einem Finger der rechten Hand auf eine Stelle der offen vor ihm aufgeschlagenen Bibel wies; es war die Stelle: »Bestelle dein Haus, du musst sterben.«

Gedankenvoll ging Becker zur Gesellschaft zurück, der er den Vorgang erzählte und sich nicht ausreden ließ, dass diese Erscheinung seinen Tod bedeuten solle, weshalb er auch von seinen Freunden feierlich Abschied nahm. – Am folgenden Nachmittage gegen 6 Uhr starb er, freilich schon im hohen Alter.

Anmerkungen

1 Vorlage ist – ohne dass Storm dies irgendwo vermerkt hat – J. H. Jungs »Theorie der Geisterkunde« (Nürnberg 1808), S. 276 f., der wiederum auf das »Museum des Wundervollen«, und zwar auf das 5. Stück des 2. Bandes, S. 390, verweist. Der Abschreiber hat den Vorlage-Text jedoch modernisiert.
2 Jakobs-Kirche: Jakobikirche in Rostock (alte Kirche aus dem 14. Jahrhundert).

51. Die Ankunft im Himmel*

Erzählt von H. P. L.

Als ich noch zu Hause bei meinen Eltern war, hielt ich große Freundschaft mit einem alten Korbmacher, den ich fast täglich in seiner Werkstatt besuchte, wo er mir die herrlichsten Märchen und Geschichten erzählte, mir die Gestelle zu meinen Papierdrachen machen half und sich überhaupt auf die freundlichste Weise meiner Kinderspiele annahm. Die Zuneigung dauerte noch fort, als ich später in einer andern Stadt auf die gelehrte Schule und danach auf die Universität kam. – Eines Nachts – es war *in den ersten Tagen des Aprils,* und ich beabsichtigte nach acht Tagen zur Genießung der Osterferien nach Hause zu reisen – träumte mir, ich sei im Himmel; der Herr saß milden Angesichts auf seinem leuchtenden Throne, und die Scharen der Engel waren um ihn her; ich hörte ihre lieblichen Gesänge. Da klopfte mich Jemand von hinten auf die Schulter; ich wandte mich um und sah in das heitere Antlitz meines alten Freundes, des Korbmachers aus meiner Heimat, der mich freundlich begrüßte. »Wie kommst du hieher?« fragte ich, ihm die Hand reichend. »Ich bin vor vierzehn Tagen erkrankt«, versetzte er, »und am 23sten April, Sonntag Nachmittag um 3½ Uhr gestorben.« –

Hier erwachte ich, und obgleich ich sonst meine Träume nicht beachtete, so fiel mir dieser doch durch seine große Bestimmtheit als bemerkenswert auf. – Als ich nach acht Tagen zu Hause ankam, fand ich meinen alten Korbmacher krank und bettlägerig. Das machte mich stutzen; ich erzählte meinem Vater jenen merkwürdigen Traum, und fragte ihn: »Sollte er wohl sterben?« – Mein Vater wollte indes nichts darauf geben, zumal da die Krankheit durchaus nicht lebensgefährlich schien; – dennoch, genau um jene Stunde und an jenem Tage starb mein Freund.

52. Der Tod der Mutter[1]*

Erzählt von Fr. E. S.

Madame S. in H. lag auf dem Sterbebette; das wusste sie selbst eben so gut, wie ihr einzigster Sohn, der Nacht für Nacht an dem Lager der Mutter wachte, und obgleich diese ihn bat seiner Gesundheit zu schonen und nicht ein junges frisches Leben für ein schon heimgegebnes vergebens zu zerstören, so wollte er dennoch nicht davon abstehen. So waren wohl drei Wochen hingegangen, während welcher er nur auf dem Lehnstuhl in kurzen Zeiträumen einen flüchtigen Schlaf genossen hatte, ohne durch seine eifrige Liebe das zum Ziel eilende Leben der Mutter aufhalten zu können. Sie war von Tage zu Tage schwächer geworden; ihr eignes Leiden vermehrte aber der Schmerz um ihren Sohn, dessen Gesundheit augenscheinlich zu wanken begann. Da besiegten ihn endlich die Bitten der Kranken, und er begab sich eines Abends auf seinem Zimmer, welches eine Etage höher als die Krankenstube lag, zu Bette. Als er eine Zeitlang geschlafen, erwachte er von dem Geräusch, dass seine Tür sich öffnete; er blickte auf und sah eine bleiche Hand mit einem weißen Schnupftuch zur Stube hineinwehen. Ein schnelles Verständnis ergriff ihn; er kleidete sich sogleich an und ging hinunter in das Zimmer seiner Mutter. Ans Bett getreten, sah er seine Gedanken bestätigt; seine Mutter war verschieden; der eine Arm hing über den Rand des Bettes, in der Hand ein weißes Taschentuch.

Anmerkung

1 Diese Geschichte diente Storm später als Vorlage für eine Spukgeschichte, die er in seiner Sammlung »Am Kamin« in geselliger Runde vortragen lässt (vgl. LL IV, S. 59–62, und den Kommentar S. 169).

53. Die Karossen*

Erzählt von Frl. Ch. v. K.

In dem alten Schlosse des Grafen F. in Jütland¹ soll außer den freundlichen Bewohnern und den Gästen, welche dort in großer Anzahl gesehen werden, noch manches Andre hausen, was nicht der lebendigen Gegenwart angehört; mancher Nachhall verschollener Zeiten soll auf den breiten Treppen und durch die altertümlichen Corridors² wandeln.

Eines Sommerabends, als schon die Dämmrung stark hereingebrochen war, stand Graf B., welcher seit einigen Tagen zum Besuche eingekehrt war, abgesondert von den Übrigen in einer Fensternische des großen Gesellschaftszimmers mit einer jungen Dame in ein Gespräch über Ahndungen und Geistererscheinungen vertieft. Die junge Dame war gläubig; Graf B. hielt den Widerpart, und bestritt lächelnd die überweisendsten³ Beispiele seiner schönen Gegnerin. — »Ich will mich in Geduld geben«, sagte diese endlich, »vielleicht könnten Sie noch hier andern Sinns werden.«

Im selben Augenblick hörten beide eine, wie es schien, mit Vieren bespannte Kutsche rasch über das Steinpflaster des Schlosshofes rasseln und dann ebenso plötzlich anhalten. — »Das war gut gefahren!« sagte B. und fuhr dann in seinem Gespräche mit der jungen Dame fort, ruhig erwartend, was für neue Gäste die Gesellschaft vermehren würden. Es schienen indes keine zu kommen; wohl aber fuhr eine zweite Kutsche ebenso über den Schlosshof und hielt ebenso plötzlich vor dem Tore still. Auch diese schien keine Gäste zu bringen; und nach einer Weile hörte Graf B. dasselbe Geräusch, das rasche Anfahren und Stillhalten noch einmal. Die Sache schien ihm ungewöhnlich, und er beschloss hinunterzugehn;

als er jedoch die Tür aufgestoßen und seinen Jagdhund, der sich zufällig im Zimmer befand, mit hinunter nehmen wollte, war das Tier auf keine Weise zum Mitgehn zu bewegen. Graf B. fasste es daher bei den Ohren und zog es so gewaltsam auf den Corridor hinaus; kaum hatte er indes den Hund wieder losgelassen, als er heulend mit eingeklemmtem Schwanze die Treppe hinunterjagte.

Dem Grafen B. ward es unheimlich, zumal da unten der weite Flur öde und leer war, er auch durch die Fenster noch gar wohl erkennen konnte, dass draußen auf dem Hofe sich weder Kutschen noch Menschen befanden. Um ihn her aber ward es wunderlich lebendig; er hörte deutlich, wie schwere seidne Gewänder an ihm vorbei die Treppe hinauf rauschten, so dicht oft, dass er seine Kleider gestreift fühlte.

Anmerkungen

1   Jütland: Vgl. Anm. 3 zu Nr. 31.
2   Corridors (frz.): Hier als Fremdwort und französischer Plural gebraucht; heute: Korridore (Flure).
3   überweisendsten: überzeugendsten.

54. Die Violine

Erzählt vom Superintendenten Schwarze

Als ich in den Jahren 1756 bis 1741 auf der Bergschule zu Kloster Dondorff[1] studierte, hatten wir auf dem Kloster noch keine Kirche und mussten unseren Gottesdienst in einer Dorfkirche, welche in der sogenannten goldnen Aue[2] lag, abhalten. Dagegen hatten die Klostereinwohner einen eigenen Gottesacker, auf welchem nicht nur ihre Toten, sondern auch die aus dem nahe gelegenen Dörfchen Kleinroda[3] begraben wurden. Wenn nun bei dem Klosterbegräbnis eine Leichenpredigt oder Sermon[4] gehalten wurde, so musste der Pfarrer zu Dondorff diese Feierlichkeit in unserer Schulstube vornehmen. Zu dem Behufe wurde unsere Schultafel von ihrer gewöhnlichen Stelle der Schultür gegenüber weggerückt, mit einem schwarzen und dann wieder mit einem weißen Tuche bedeckt, und darauf ein besonderes Pult mitten auf die Tafel gesetzt, welches wiederum mit einem schwarzen Tuch bedeckt wurde. Dieser Vorrichtung bediente der Pfarrer sich als Katheder bei Abhaltung seiner Leichenpredigt. Auch wurde unser Speisetisch, welcher ebenfalls seinen Platz in der Schulstube hatte, in einen Winkel geschoben, um den Leichenbegleitern Platz zu machen, die sich dann auf die dem Pfarrer gegenüber gestellten Stühle und Bänke setzten. So oft nun Jemand auf dem Kloster oder in dem genannten Dorfe starb, welcher mit einer Leichenpredigt oder Sermon begraben werden sollte, zeigte sich dies den in der Klosterschule Wohnenden entweder in der Nacht, worin der zu Begrabende gestorben oder, wenn er am Tage gestorben war, in der darauf folgenden Nacht, regelmäßig auf eine bestimmte Weise an. Es verrichtete, gewöhnlich Nachts zwischen Elf und Zwölf Uhr, alle die Handlungen, welche am Tage des Begräbnisses in der Schulstube zur Vorbereitung der Leichenpredigt angestellt wurden. Es rückte die Tafel, schob den Speisetisch, setzte Bänke und Stühle, schlug die Schultüre auf und zu, kam die Treppe wie wir Knaben herauf, wenn wir unsere Schulbücher von der Tafel in unsere Zellen hinauf trugen, und machte ein Getrappel auf den Treppen und im ganzen Hause. Nicht nur der damalige Rektor, welcher mit seinem Famulus[5] grade über der Schulstube wohnte, hörte diesen Lärm, sondern auch wir zwölf Knaben in unsern sechs Zellen und ebenso ein altes siebenzigjähriges Ehepaar, welches unten im Hause der Schulstube gegenüber wohnte und das Einheizen, Betten und Reinigen unserer Schulwohnung zu verrichten hatte. Ich und ein anderer Knabe namens Eisfeld bewohnten die erste Zelle. Eines Nachts nachdem wir zuerst eine Zeitlang den vorbeschriebenen Lärm in der Schulstube[6] vernommen hatten, hörten wir, dass etwas auf dem Saale hergeschlurft kam und unsre Zellen öffnete. Wir meinten, der Rektor wolle visitieren und riefen: »Werda?« – Keine Antwort; aber wir hörten es hierauf wie in Pantoffeln unseren Betten vorbei schlurfen. Noch einmal riefen wir: »Werda?« – Statt der Antwort wurde Eisfelds Violine, welche ganz frei an der Wand hing, dreimal nacheinander auf allen vier Saiten geschnippt, so dass sie von der Quinte an nach einander ihren ordentlichen Ton angaben, wie es die Violinspieler beim Stimmen zu machen pflegen. Wir meinten des Rektors Famulus habe den Hauptschlüssel genommen und wolle uns erschrecken, und fingen aufs eifrigste an zu schimpfen. Es ging aber, ohne sich daran zu kehren, wieder zur Zelle hinaus, schlug die Türe zu, schlurfte die Treppen hinunter, lärmte noch einmal in der Schulstube und dann war es still. Unsere Nachbarn in der zweiten Zelle hatten unser Rufen, das Auf- und Zumachen der Tür sowie auch das Schnippen der Violinsaiten gehört und fragten uns sogleich – denn wir konnten durch die dünne Bleichwand[7] miteinander reden, – was es in unserer Zelle gegeben habe; und wir erzählten ihnen den Vorfall.

Als wir des Morgens in die Schule kamen, empfing uns der Rektor mit den Worten »Kinder habt ihr diese Nacht den Lärm gehört? Wir bekommen eine Leiche.« Wir erzählten ihm die Begebenheit in unsrer Zelle, und dass wir den Famulus wegen einiger Foppereien in Verdacht hätten. Er versicherte uns jedoch, dass derselbe nicht aus seiner Schlafkammer gekommen sei, da er während der nächtlichen Unruhe mit ihm darüber gesprochen, wer da wohl gestorben sein möchte, da man nicht gehört, dass Jemand auf dem Kloster krank liege.

Am Nachmittag desselben Tages wurde es uns durch den Totengräber auf der Schule gemeldet, dass in Kleinroda der Musikant N. in der verwichenen Nacht gestorben sei. Zu bemerken ist, dass Eisfeld und ich beide musikalisch waren und dass wir beide mit dem verstorbenen Musikanten in der Kirche die Musik zu machen pflegten; besonders spielte Eisfeld mit ihm die Violine.

Anmerkungen

1 Bergschule zu Kloster Dondorff: Bergschulen sind Lehranstalten zur Ausbildung von Beamten für das Bergbauwesen. Preußen unterhielt eine solche Schule im Kloster Donndorf (in der Nähe von Roßleben an der Unstrut, ca. 25 km südlich von Eisleben).
2 in der sogenannten goldnen Aue: Fruchtbare Ebene in Thüringen (zwischen dem Harz und dem Hainleite-Höhenzug).
3 Kleinroda: Dorf 2 km östlich von Kloster Donndorf.
4 Sermon: Rede (lat. sermo = Gespräch, Vortrag).
5 Famulus: Gehilfe, assistierender Student (lat. famulus: Diener).
6 den vorbeschriebenen Lärm in der Schulstube: Korrigiert aus der handschriftlichen Verschreibung »den vorgeschriebenen Lärmen der Schulstube«.
7 Bleichwand: Mit Lehm beworfene dünne Trennwand (Grimm, DW »paries luto exstructus«).

55. Ein Geisterbeschwörer

Auf einem Jahrmarkte zu A. hatten sich allerlei Künstler und Gaukler eingefunden und unter andern auch Einer, von dem es hieß, dass er die Geister verstorbener und auch lebender Personen zitieren könne. Die Herren B. u. R. begaben sich zu ihm, neugierig ob Betrug oder sonstige Alfanzereien[1] dahinter stecken möchten. Nachdem sie dem Künstler mit vielfachen Beteuerungen ein unverbrüchliches Stillschweigen über Alles, was sie sehen würden, angelobt hatten, sagte er ihnen, sie möchten bei herannahendem Abend vor dem W-schen Tore auf ihn warten.

Als sie dort bei guter Zeit zusammen kamen, nahm der Künstler sie mit sich auf ein freies Feld und beschrieb, ehe es noch recht dunkel wurde, einen Kreis, von welchem sie sich einige Schritte weit entfernt halten mussten. Hierauf verlangte er zu wissen, wen sie sehen wollten und sie nannten ihm einige Personen aus der alten Zeit und aus dem neuen Testamente. Nun war es, als wenn ein goldener Bogen Papier vom Himmel herab käme, der sich in den Kreis stellte, und bald stand die Gestalt des Zitierten, so wie sie ihnen nach Gemälden bekannt war, in hellem Lichte vor ihren Augen, blieb auch so lang, als der Künstler es wollte. Vor Entsetzen vermochten die Zuschauer die Letzten, welche sie dem Künstler auf einen Zettel geschrieben hatten, nicht mehr zu sehen. Sie gingen daher nach Hause; als sie aber an das damals B. Hüb. Vorwerk[2] kamen, erhob sich ein Sturm, dass der Eine über den Andern purzelte, sie Hut und Degen verloren und sich nur mit Mühe wieder zurecht zu finden vermochten.

Nach zwei Tagen jedoch schien das Entsetzen sich bei ihnen gelegt zu haben, denn B. kam mit ihrem damaligen Begleiter zu R. und wollte Lebendige zitieren lassen. R.[3] wollte Anfangs nicht, teils aus

Furcht, sein Vater möge es erfahren, teils wegen jenes Sturmes, von dem man in der Stadt nichts verspürt hatte; endlich aber ließ er sich überreden. Als nun wieder wie am vorigen Abende die Vorbereitungen der Geisterbeschwörung getroffen waren, verlangten die Andern einen damals zu A. lebenden französischen Sprachmeister, einen ältlichen feinen Mann zu sehen, weil der Künstler diesen unmöglich kennen konnte. R., der jenen Sprachmeister besonders liebte, setzte sich dawider, indes wurde er überstimmt; sie setzten sich in der Stube, wo diesmal die Beschwörung statt fand, nieder, und ließen den Künstler nicht mehr von der Stelle. Nach kurzen Vorbereitungen erschien der Zitierte wirklich durch die Tür, ging um den Tisch herum, sah die Zuschauer steif an und schüttelte auf ihre Frage, ob er Morgen Stunde geben würde, mit dem Kopfe. Endlich auf einen Wink, welchen die Zuschauer dem Künstler gaben, verschwand er wieder, wie er gekommen. R. war voller Unruhe, und eilte zugleich in das Haus seines Sprachmeisters. Es war im Anfange März und Abends um 7 Uhr. Als er dort ankam, fragte er die Köchin, ob ihr Herr zu Hause sei. Sie bejahte dies, fügte aber hinzu: »Sie werden ihn nicht sprechen können; wir hätten bald ein rechtes Unglück mit ihm gehabt; denn als es 7 Uhr schlug, wollte er zu Herrn B. gehen, fiel aber mitten auf der steinernen Treppe um, ich ging mit dem Lichte neben ihm her und rief alles zusammen, weil weder Leben noch Atem in ihm war. Ungefähr nach fünf Minuten kam er wieder zu sich, und jetzt liegt er ganz kraftlos im Bette.« R. wurde sehr bestürzt, ließ aber nicht nach, bis man ihn zum Kranken geführt hatte. Auf R.'s Frage, was ihm begegnet sei, antwortete er mit matter Stimme, dass er es nicht wisse; dieselbe Antwort erhielt R., als er ihn fragte, ob er Jemanden gesehen oder ob es ihm gedeucht, dass er sich an einem andern Orte befinde. Als R. hierauf den Kranken noch weiter fragte, ob er denn Morgen Stunde geben werde, erhielt er durch Kopfschütteln eine verneinende Antwort, so wie er es in des Künstlers Stube auf dieselbe Frage gesehen hatte.

Anmerkungen

1 Alfanzereien: Albernheiten.
2 Vorwerk: Ein vom Hauptgut abgetrenntes kleineres Landgut.
3 Hier hat Storm – wie im Folgenden mehrmals – »Er« verbessert zu »R.« – ein Zeichen dafür, dass der Schreiber diese Geschichte nach Diktat niedergeschrieben hat.

56. Dreier Mädchen erstes Gesicht*

Erzählt von Frl. D. St.

Drei eilfjährige Mädchen hatten der einen Geburtstag gefeiert; es war der Neujahrstag und die Uhr war 12 geworden, ehe sie von einander und vom muntern Spiele scheiden konnten. Als nun Beide sich eingehüllt hatten nach Hause zu gehen, erbot sich die, deren Geburtstag gefeiert worden, sie eine Strecke zu begleiten, da es eine so helle und schöne Winternacht war, wie wir sie nur in unserm Norden haben[1]; der volle Mond stand hoch am Himmel, und der Schnee lag so weiß und flimmernd, dass sich beinahe eine Tageshelle verbreitete. Schäkernd und lachend hüpften die drei über den knirschenden Schnee, als sie fast zugleich ausriefen: »Wie sind da noch viele Menschen auf der großen Brücke!« – aber auch zugleich gewahrten, dass Alle schwarz bemäntelt, und ein Sarg mitten unter ihnen sei, mit welchem sie grade in dem Augenblick kehrten. – – Sehen, und mit einem panischen Schrecken das Hasengewehr nehmen[2], war Eins. Außer Atem kamen alle Drei wieder in dem eben verlassenen Hause an, und konnten vor Zittern und Zähneklappern kaum ihr Abenteuer erzählen. Die zwei Fremden weinten und wollten nicht wieder durch die Straße, durften aber doch auch nicht die Nacht aus dem Hause bleiben. Das Geburtstagskind wollte sie für keinen Preis wieder begleiten.

Was war zu machen! Die Vernunftworte der Mutter fanden diesmal keinen Eingang; der Vater musste geweckt werden, der freilich gewaltig brummte ob der Albernheit und Faselei der Jugend; am Ende aber unter Knurren in den dicken Flaus[3] eingeknüpft wurde und sich die Nachtmütze tief über die Ohren zog, und doch lachen musste, wie sich in diesem Aufzug die beiden niedlichen Mädchen so fest an seinen Arm klammerten, wie sie nur konnten. Auf einem ganz andern Wege an ihrer Beider Häuser angelangt, ließ auch keine den Arm eher fahren, bis sie Jemand in Empfang genommen hatte.

Einige Zeit nachher, als das Abenteuer längst von den Eltern wegvernünftelt, und von den jungen Mädchen weggetändelt war, fanden sich alle Drei auf dem Platz zusammen, wo sie es erlebt, ohne im geringsten daran zu denken. Wie sie eben weiter gehen wollen, hält die Eine plötzlich an und zeigt nach der Brücke; da sahen alle ganz genau, wie sie die Neujahrsnacht gesehen, den Sarg mit dem großen Gefolge umkehren, wie es Gebrauch ist, wenn eine Leiche ausgetragen wird aus einem Hause nahe am Kirchhofe.

Anmerkungen

1 wie wir sie nur in unserm Norden haben: Von Storm in den Text hineinkorrigiert; gegenüber der ursprünglichen Fassung »wie nur eine war« ergibt sich eine heimatbezogene Konkretisierung.
2 das Hasengewehr nehmen: Das Hasenpanier ergreifen, die Flucht ergreifen.
3 Flaus: Wollener Tuchmantel (Grimm, DW).

57. Der zurückkehrende Vater*

Erzählt von Frl. D. St.

»Der Vater lebt noch!« rief der kleine Albert, freudig zur Mutter eilend, die in tiefer Trauer in schmerzlichen Gedanken an ihren vor 8 Tagen verstorbenen Gemahl im Sofa lehnte. – »Der Vater ist da! Komm mit! Willst du ihn sehen? So komm doch! In seiner Arbeitsstube steht er; ich bat ihn, er solle mit kommen! Er sah mich an, sagte aber nichts.« »Du träumst, mein Albert«, sagte Fr. v. B., du wirst den Verwalter gesehen haben, dein guter Vater wird leider nimmer wiederkehren, er ist tot und begraben.« – »Glaubst du denn, dass ich den Vater nicht kenne, und den Verwalter nicht?« sagte der 7jährige Albert, und sah mit seinen hellen Augen zur Mutter auf; »und hat denn der Verwalter des Vaters Schlafrock an?« –

Irre geworden durch die letzten Worte, und durch des Knaben Ernst, ließ sie sich mit fortziehen, fand aber natürlich die Stube leer. »Ja!« sagte der Knabe, verdrießlich, »warum gingst du nicht gleich mit? Nun ist er weggegangen.« – Er bezeichnete hierauf genau den Platz, wo er den Verstorbenen gesehen und ließ es sich nicht ausreden. – Zitternd und bebend aber kam er des andern Tages zur Mutter gelaufen, und barg seinen Kopf in ihren Schoß, ohne einen Laut von sich zu geben. Durch viele Liebkosungen brachte die Mutter endlich heraus, dass er schon oft in die Stube des Vaters gesehen, ob er nicht da sei, bis er ihn endlich getroffen; wieder habe er ihn gebeten mit zur Mutter zu kommen, und wie er ihn weggewinkt, ohne zu antworten, so habe er ihn im Schlafrocke fortziehen wollen; aber in die leere Luft gegriffen, und der Vater wäre weggewesen! – Ein heißer Tränenstrom begleitete diese Worte. –

Der Knabe bekam in Folge des Schreckens ein Fieber und die besorgte Mutter ließ den Arzt holen, dem sie jedes Wort von dem Kleinen mitteilte. Dieser ließ das ganze Hauspersonal vor sich kommen, und sprach ihnen scharf ins Gewissen, im Fall sich einer erlaubt hätte, mit dem Knaben auf solche Weise einen Scherz zu treiben; doch Alle beteuerten bei ihrem Leben, nicht einmal daran gedacht zu haben. Der Platz wurde nun aufs genaueste untersucht, den der Knabe bezeichnet hatte und da er beide Male behauptet, der Vater stände mit dem Gesicht gegen die Wand, so untersuchte der Arzt vorzüglich diese, klopfte mit dem Knöchel an das Getäfel, und fand den Klang hohl; »hier muss ein Schrank sein«, sagte er »und wenn er so nicht zu öffnen, muss er erbrochen werden«, dies geschah. Man fand wichtige Urkunde darin und eine Schrift für seinen Sohn dabei, welche er schon in dessen 3ten Jahr verfasst, und seiner Frau vorgelesen hatte, was diese seit der Zeit gänzlich vergessen. Da der Tod ihn so plötzlich hingerafft, hatte er nicht Zeit gehabt, sie davon zu unterrichten, dass er beides in den ihr unbekannten Wandschrank verborgen, da erst ganz vor Kurzem dieses alte Stammgut von ihnen bezogen worden war.

Besagter Arzt war der alte Freund meines Pflegevaters und unser täglicher Gast, obgleich man sich keine zwei verschiedenere Menschen denken kann; daher sie auch beständig im Streit waren; vorzüglich über Geschichten, wie diese, die ich aus seinem eignen Munde habe. Er war noch jung, als sie sich zutrug; jetzt war er ein alter Mann. Mein Pflegevater aber glaubte nicht die Spur von »so'n dumm Schnack«, wie er zu sagen beliebte, und der Doktor ging dann höchst aufgebracht davon[1], um andern Tages wieder zu kommen.

Anmerkung

1 und der Doktor ging dann höchst aufgebracht davon: Storm hat hier in den Text von Frl. D. St. (Doris Stamp; vgl. den Kommentar S. 162) hineinkorrigiert. Ursprünglich war der Satz missverständlich; er lautete: »und da ging ich aufgeregt davon«.

58. Versprochene Rückkehr nach dem Tode[1]

Erzählt von J. Stilling

Ich habe vor 40 Jahren einen sehr frommen und erleuchteten Handwerksmann gekannt, dessen tiefe Einsichten und in der Tat heiligen Charakter ich oft bewundert habe. Ich hab viel von ihm gelernt, und er sagte mir damals schon Vieles voraus, das hernach erfüllt worden ist. Ich besuchte ihn auf seinem letzten Krankenlager und war ein Zeuge seines herrlichen Todes.

Dieser Freund hatte einen sittsamen, stillen, und eingezogenen Gesellen, mit dem er wegen seiner Kenntnisse und guten Aufführung auf einem vertrauten Fuß lebte. Beide unterredeten sich oft von dem Zustand der Seelen nach dem Tode, vorzüglich aber auch von der Wiederbringung aller Dinge[2]. Nach und nach wurde der Geselle schwindsüchtig, mein Freund behielt ihn auch in diesem Zustand bei sich, und leistete ihm gleichsam Gesellschaft bis an die Pforte des Todes. Während der ganzen Zeit der Krankheit wurden obige Gespräche immer fortgesetzt, und mein Freund wagte es den Gesellen zu bitten, dass er ihm, wenn er könne, nach seinem Tod erscheinen, und ihm von seinem Zustand, und von der Wiederbringung aller Dinge Nachricht geben möchte. Der Geselle versprach es unter dem Beding, wenn es ihm erlaubt wäre.

Bald nachher starb der junge Mensch, und nun harrte sein Meister auf seinen Besuch, und auf Nachricht aus der andern Welt. Etwa drei Wochen nach dem Tod des Gesellen, als der Meister Abends um 10 Uhr in seiner Schlafkammer sich ausgezogen hatte, eben ins Bett gestiegen war, und noch darinnen saß, so bemerkte er gegenüber an der Wand einen bläulichen Lichtschimmer, der sich zu einer menschlichen Figur bildete. Er fragte also ohne Furcht: »Bist du es, Johannes?« – Der Geist antwortete vernehmlich: »Ja!« Jener fragte ferner »Wie gehts dir?« – Dieser erwiderte: »Ich befinde mich ruhig in einer öden dunklen Gegend; aber mein Schicksal ist noch nicht entschieden.« Nun folgte auch die Frage wegen Wiederbringung aller Dinge. Der Geist antwortete darauf weiter nichts, als folgende Zeilen aus einem alten Lied:

»Lasst uns den Herrn bitten *hie*
Und niederfallen auf die Knie,
Lasst uns vor unserm Schöpfer bücken!«

Das Wörtchen hie ist die Hauptsache. Hier sollen und wollen wir unsre Sache mit unserm Erbarmen ausmachen, und – wie mein seliger Oheim Johann Stilling einst sagte – dafür sorgen, dass wir mit den Ersten über der Jordan kommen.

Mein Freund war so kühn, noch um einen Besuch zu bitten; nach einiger Zeit erfolgte er auch, aber der war fürchterlich; ich hab die nähern Umstände desselben nie erfahren können; so viel hatte es aber gefruchtet, dass der liebe Mann jedermann vor einer solchen Vermessenheit warnte, und nun überzeugt war, dass wir diesseits durchaus keinen Umgang mit dem Geisterreich suchen, sondern ihn so viel als möglich vermeiden müssten.

Anmerkungen

1 Storms Quelle ist – wie er in seiner Handschrift unter dem Titel angegeben hat – der mehrfach erwähnte Band: Johann Heinrich Jung, genannt Stilling, »Theorie der Geisterkunde«, Nürnberg 1808, und zwar Seite 266–269. Die Geschichte ist – bis auf die Rechtschreibung – wörtlich aus dem obigen Band abgeschrieben.
2 Wiederbringung aller Dinge: Wiedervereinigung mit Gott, Aufhebung der Entfremdung zwischen Gott, den Kreaturen und den Dingen (Grimm, DW).

59. Aus dem Leben eines Malers*

Erzählt von D. St.

Ein junger Maler aus R., der die Malerakademie zu Kopenhagen besuchte, hatte sich daselbst bei einem Gerber eingemietet; dieser sah ihn fast immer zu Hause und mit Eifer bei seiner Malerei beschäftigt, weshalb er ihn in Folge manchen Abend bat, wenigstens zur Veränderung und Erholung zu ihm und seiner Familie herunter zu kommen. Gern folgte N. dieser Einladung, und je mehr sein Wirt ihn kennen lernte, je lieber hatte er ihn, dass, wenn N. einmal nicht von selber kam, er die Treppe hinaufstieg, ihn herunter zu holen. Eines Abends klopft er zu dem Endzweck auch an N.'s Tür, bekommt aber keine Antwort; er will öffnen und findet die Tür verschlossen; doch, da er Licht durch die Türspalte sieht, so guckt er durchs Schlüsselloch, und sieht N. ruhig an seinem Platz vor der Staffelei emsig arbeiten. Das verdrießt ihn, und er geht schnell zurück; auf der dunklen Treppe begegnet ihm Jemand und ruft: »Wer ist da?« – »Das bin ich!« antwortet die wohlbekannte Stimme N.'s! Der Gerber stößt einen Laut des Entsetzens aus, stolpert die Treppe hinunter, und bekommt in Folge des Schreckens ein Nervenfieber. – N. musste den andern Tag seine liebe Wohnung räumen, das einzige Mittel, den Wirt und seine Fieberphantasie einigermaßen zur Ruhe zu bringen. Nie hat er sich überwinden können, den in dieser Hinsicht so unschuldigen N. wieder zu sehen. –

Jahre nachdem, als der Maler längst eine eigene Familie hatte, wurde er zu einer muntern Abendgesellschaft auf dem Lande gebeten. Da er aber über die bestimmte Zeit aufgehalten wurde, so war es dunkel geworden, ehe er aufbrach; doch hatte er ein gutes Pferd und nur einen kurzen Weg zu machen, der aber freilich ein tiefer schlechter Marschweg war. Er suchte deswegen grade die Mitte zu halten. Auf einmal scheute das Pferd, bäumte und wollte nicht aus der Stelle; N. tat das Seinige mit Sporen und Peitsche, aber desto ärger wurde es. N. forschte nach der Ursache und gewahrte mitten in dem tiefen, schmutzigen Wege gerade vor sich ein weiß und luftig gekleidetes Frauenzimmer, ohne Hut, bei deren Anblick ihm etwas unheimlich wurde; er strengte jedoch alle seine Kraft an, das Tier vorbei zu bringen und es gelang auch endlich; wie sie aber erst vorbei waren, setzte es in so sausendem Galopp vorwärts, dass N. Mühe hatte, es an Ort und Stelle zum Stehen zu bringen. Der Knecht, der es sogleich in den Stall gezogen hatte, trat ängstlich in die Stube und sagte, er fürchte, das Pferd werde sterben; es habe alle Vier von sich gestreckt, zittre am ganzen Körper, als ob es Krämpfe bekommen, und sei ganz mit Schaum bedeckt. »Ist dir etwas begegnet?« fragte der Wirt. N. erzählte, aber obgleich es allen eine bekannte Sache schien, so wusste doch Niemand genügende Aufklärung zu geben. Seinen Mut zu erproben, fragte man ihn, ob er wohl die Nacht wieder zurückreiten würde, wenn man ihm ein frisches Pferd gäbe. Er nahm es an und ritt zurück, sah aber diesmal nichts, das ihn beunruhigen konnte.

60. Zwei merkwürdige Träume

Das Zutreffen in den beiden folgenden Erzählungen bei Ereignissen, welche in einem Zwischenraume von fast zweitausend Jahren stattfanden, wird ohne Zweifel das Interesse der Leser erregen. Den ersten Traum finden wir in den Schriften Ciceros (De Divinatione, Lib. 1 de Somniis)[1], der bekanntlich 43 Jahr vor Christi Geburt starb. Der zweite datiert ungefähr aus dem Jahre 1804.

1. Zwei Arkadier[2], sehr gute Freunde, reisten zusammen, und blieben die Nacht über in Megara[3]. Einer von ihnen suchte ein Unterkommen in dem Hause eines Bekannten; der Andre nahm sein Quartier in einem Wirtshause. Beide begaben sich, nachdem sie ihr Abendbrot zu sich genommen hatten, zur Ruhe, – aber der Eine, welcher als Gast in dem Privathause wohnte, hatte kaum einige Stunden geruht, als ihm sein Reisegefährte im Traume erschien, ihn inständig bittend, ihm zu Hülfe zu kommen, weil der Wirt sich gegen sein Leben verschworen hätte und ihn ermorden wolle. Erschreckt fuhr er von seinem Lager auf; als er sich aber etwas gesammelt hatte, sah er ein, dass es ja nur ein Traum seiner Einbildungskraft gewesen war, und legte sich wieder zur Ruhe. Aufs Neue aber stellte sich ihm sein Gefährte im Traume dar, und richtete dieses Mal die inständige Bitte an ihn, er möchte, obgleich er ihn, als er noch am Leben und in Gefahr gewesen, gemeuchelmordet zu werden, zur rechten Zeit ohne Beistand gelassen, doch auf jeden Fall jetzt seinen Tod rächen. Der Wirt hatte ihn nämlich wirklich ermordet, seinen Leichnam auf einen Karren geworfen und denselben mit Streu und Dünger bedeckt. Seine Bitte ginge daher ferner dahin, dass er sich doch an dem Tore des Wirtshaushofes einstellen möchte, ehe man den Karren in die Straßen der Stadt führe. Außerordentlich durch diesen merkwürdigen Traum aufgeregt, stand er bei

Tagesanbruch auf und ging gerades Weges nach dem Wirtshause, an dessen Tore er einen Bauer mit einem beladenen Karren antraf. Kaum hatte er an den Mann die Frage gerichtet, was er auf dem Karren habe, so eilte dieser, wie vom Schrecken ergriffen, und von Furcht überwältigt, davon. Die Erscheinung hatte die Wahrheit enthüllt, denn der Leichnam wurde unter dem Dünger auf dem Karren hervorgezogen, und der Wirt, nachdem die Sache bekannt gemacht und untersucht worden war, für die Mordtat hingerichtet.

2. Der ehrwürdige P-r-g, Pfarrverweser eines Kirchspiels, welches jetzt zu London gehört, obgleich es vor ungefähr sechsunddreißig Jahr noch das Ansehen eines Dorfes an dessen Grenzen hatte, war durch den Tod seines ältern Sohnes in die tiefste Betrübnis versetzt worden. Dieser starb nämlich in seinem siebzehnten Jahre, also in dem Alter, wo Eltern sich berechtigt halten, zu glauben, dass ihre Kinder sie überleben werden, und wurde in dem Gewölbe der Kirche beigesetzt. Zwei Nächte nach dem Begräbnis träumte dem Vater, er sähe seinen Sohn in einem mit Blut befleckten Sterbehemde und mit dem Ausdrucke des tiefsten Schmerzes auf seinem Antlitze und »Vater, Vater! komm und verteidige mich!« waren die Worte, welche er deutlich hörte, als er diese furchterregende Erscheinung anblickte, »man will mich nicht ruhig in meinem Sarge lassen!« Der ehrwürdige Mann erwachte mit Schrecken und Zittern; aber nach kurzer, schmerzlicher Überlegung glaubte er, das Ganze nur dem Einflusse seiner trüben Gedanken am Tage und seiner Niedergeschlagenheit wegen der ausgestandenen Leiden zuschreiben zu müssen, und sich mit diesen Vernunftgründen beruhigend, empfahl er sich dem Allbarmherzigen und schlief wieder ein. Aber er sah seinen Sohn wieder, der ihn flehentlich bat, seine irdischen Überreste vor Beschimpfung zu bewahren; »denn«, sagte der scheinbar wieder belebte Tote, »sie sind in diesem Augenblick dabei, meinen Körper zu verstümmeln.« Der unglückliche Vater stand, da er nun nicht mehr das schreckliche Bild aus seiner Seele vertilgen konnte, sogleich von seinem Lager auf, fest entschlossen, sich bei Tagesanbruch von der Täuschung oder der Wahrheit der Offenbarung, welche ihm durch diese Stimme aus dem Grabe geworden war, zu überzeugen. Am frühen Morgen ging er deswegen zu dem Hause des Beamten, wo die Schlüssel der Kirche und der Gewölbe aufbewahrt wurden. Dieser kam nach

langem Zögern endlich die Treppe herunter und sagte, dass er unglücklicher Weise die Schlüssel augenblicklich nicht in Händen habe, indem sein Sohn dieselben zufällig mit zum Schlosser genommen habe, um sie ausbessern zu lassen, weil einer der größten Schlüssel in dem Bunde in der Tür des Gewölbes abgebrochen, und es daher unmöglich wäre, hineinzukommen, ehe man das Schloss geöffnet hätte. Von den trübsten Vorahnungen erfüllt, bestand der Pfarrer darauf, der Beamte solle sogleich mit ihm zum Schlosser gehen, um, wenn auch nicht einen Schlüssel, doch wenigstens ein Brecheisen zu holen, da es sein fester Entschluss sei, augenblicklich in das Gewölbe zu gehen und seines Sohnes Sarg zu sehen. Die Erinnerungen aus dem Traume traten jetzt immer lebhafter vor die Seele des Pfarrers, und die Untersuchung, welche er darüber anstellte, nahmen einen für die Teilnehmer an diesem gewaltsamen Eindringen in die Ruhestätte der Toten mit Schrecken vermischten Ernst an, den die sichtbare Unruhe des Vaters noch vermehrte. Die Hänge[4] waren heruntergenommen, die Stangen, die Riegeln wurden eingeschlagen oder bogen sich unter dem schweren Hammer des Schlossers – und endlich wankte der fast von Sinnen gekommene Vater mit unsicherm Tritt und ausgestreckten Händen hinein, aber – er stürzte vor dem sich ihm jetzt darbietenden Anblicke nieder. Der Sarg seines Sohnes war aus der Vertiefung in der Seite des Gewölbes herausgenommen und auf den Boden gesetzt; der Deckel, aus dem man die Schrauben gezogen hatte, lag zum Haupte – und der Körper, in sein Leichentuch gehüllt, auf welchem man unter dem Kinn mehrere dunkle Flecke wahrnahm, dem Anblicke bloß. Der Kopf war aufgerichtet, das breite Band unter der Kinnlade weggenommen, und letztere hing nun, den fürchterlichsten Anblick darbietend, herunter, als wenn sie mit erschreckender Zuversicht die Wahrheit der Erscheinung in der vergangenen Nacht bestätigen wollte, – jeder Zahn im Kopfe war herausgezogen!

Der junge Mann hatte nämlich bei seinen Lebzeiten eine Reihe schöner Zähne; – der Sohn des Beamten aber, welcher ein Barbier, Schröpfer und Zahnarzt war, hatte sich in den Besitz der Schlüssel und sodann auch in den dieser Zähne zu setzen gesucht, um sie in seinem Geschäfte vorteilhaft zu verwenden. Die Gefühle des ehrwürdigen Herrn P-r-g lassen sich eher denken, als beschreiben. Der Vorfall kam den ganzen übrigen Teil seines Lebens hindurch nicht wieder aus seiner Seele; was aber aus dem Verbrecher wurde, dessen verruchte Hand auf diese Weise das Grab beraubte, konnte man nie mit Gewissheit erfahren. Er entfernte sich noch an dem selben Tage, und man glaubte, dass er sich zum Soldaten anwerben ließ. Der Beamte wurde mit Schmach seiner Stelle entsetzt, und überlebte die Begebenheit nicht lange; sein Haus aber ward ungefähr dreizehn Jahre hernach niedergerissen, um neuen Gebäuden Platz zu machen.

Was die Begebenheit selbst betrifft, so wurde sie Wenigen kund, da der Pfarrer das öffentliche Besprechen und die Anregung dieses Gegenstandes von Seiten irgend eines Gliedes seiner sehr geachteten Familie vermeidend, sich bemühte, das Vorgefallene, so viel als möglich zu verhehlen; aber unser Correspondent war ganz genau mit den Einzelheiten der Begebenheiten vom Anfang bis zum Ende bekannt.

Anmerkungen

1   Der Traum wird erzählt in der Schrift des römischen Politikers und Schriftstellers M. T. Cicero (106–43 v. Chr.) »De divinatione« (Über die Weissagung), Lib. 1 (Buch 1) De somniis (Über die Träume), Kap. 27.
2   Arkadier: Bewohner der Landschaft Arkadien auf dem Peloponnes (Griechenland).
3   Megar: Hauptstadt der Landschaft Megaris (zwischen Korinth und Attika).
4   Hänge (nd.): Haken, an der die Tür hängt, Türangel (Grimm, DW).

61. Der Brautzug*¹

62. Großvaters Besuch*

63. Das Leichenkleid*

64. Verbrennen*

65. In Todesgefahr*

66. Der Namenszug*

67. Das letzte Gesicht*

68. Die Schreckensstunde*

69. Die Familie P.*

Anmerkung

1   Die Handschriften der letzten neun Nummern (Nr. 61–69) des „Neuen Gespensterbuchs" sind verlorengegangen. Diese waren — wie sich aus Storms Register ergibt „hier zum ersten Mal nach mündlicher Überlieferung aufgezeichnet".

Zur Textgestaltung

Textgrundlage sind die Handschriften des „Neuen Gepensterbuchs", die im Archiv der Theodor-Storm-Gesellschaft in Husum (im Storm-Haus) aufbewahrt werden. Die Texte sind unter Wahrung des Lautstandes, der Groß- und Klein-, der Getrennt- und Zusammenschreibung sowie der Zeichensetzung behutsam modernisiert. Die vielen zusätzlichen Kommata, die nach heutigen Regeln wegfallen müssten, wurden beibehalten. Sie markieren Gedanken- und Sprechpausen des Erzählers. Nur in wenigen Fällen, wenn es für das Verständnis des heutigen Lesers notwendig erschien oder Nachlässigkeiten der Schreiber vorlagen, wurde die Zeichensetzung geändert oder ergänzt. Um deutlich zu machen, dass es sich hier um alte, z. T. „zum erstenmal nach mündlicher Überlieferung aufgezeichnete« Geschichten handelt, bleibt die Schreibweise von Wörtern, die zur Abfassungszeit noch als Fremdwörter empfunden (z. B. Cabinet) oder als solche gebraucht wurden (z. B. Lieutenant), unverändert. Auch die damals übliche Großschreibung von Wörtern wie „Vieles", „Alles", „Jemand", „Keiner" wurde übernommen. Unterschiedliche Schreibungen wurden nicht vereinheitlicht, um deutlich zu machen, dass es sich um Texte handelt, die aus verschiedenen Quellen stammen und von verschiedenen Abschreibern niedergeschrieben sind. Offensichtliche Verschreibungen wurden stillschweigend korrigiert.

Kommentar, Fragen und Antworten
zum „Neuen Gespensterbuch"

1

Storms Sympathie für das Spuk- und Gespensterwesen

Von Jugend an hatte Storm eine besondere Vorliebe für Spukgeschichten, für „seltsame Geschichten" wie „Nis Puk", die sein Freund zu erzählen wusste (vgl. die „Geschichten aus der Tonne": IV 268). Die Erzählungen der Bäckerstochter Lena Wies, die Storm selbst die „Scheherazade" seiner Jugend nennt (IV 175 ff.) und der „gedämpfte Ton" ihrer Erzählungen haben das Interesse des jungen Storm an Spukgeschichten noch erhöht: „und wie erzählte sie! ... mochte es um die Sage von dem gespenstigen Schimmelreiter sein, der bei Sturmfluten Nachts auf den Deichen gesehen wird und, wenn ein Unglück bevorsteht, mit seiner Mähre sich in den Bruch hinabstürzt, oder mochte es ein eigenes Erlebnis oder eine aus dem Wochenblatt ... aufgelesene Geschichte sein..."

Stark beeindruckt war der junge Storm von dem ängstlichen Verhalten seiner Großmutter, die dem „kleineren Bild" in ihrem Hause, „neben dem Ofen" „nicht gern begegnete", das eine „jugendliche Frauengestalt" in einer „düsteren Kammer" „auf das Ruhebett hingeworfen" zeigte, auf deren Brust der „Nachtmahr" sitzt, „mit großen, rauhen Fledermausflügeln" (IV, 199). Es handelte sich dabei um ein Bild des Malers Heinrich Füßli, dem – so Storm in der Novelle „Ein Bekenntnis" (III, 592) – „zuerst die Darstellung des Unheimlichen in der deutschen Kunst gelang." (vgl. Abb. Seite 143).

Auch als Storm mit Theodor und Tycho Mommsen schleswig-holsteinische Märchen und Sagen sammelte, haben ihn Spukgeschichten besonders angezogen. Wenn ihm solche erzählt wurden, fühlte er den „vollkommenen Hexenapparat" und wie ihm „der Spuk faustdick unter die Nase kam" (an Mommsen, 1.12.1842).

Nachdem der junge Kieler Germanist Karl Müllenhoff dann Ende 1843 das von Mommsen und Storm begonnene Projekt, schleswig-holsteinische Sagen zu sammeln und herauszugeben,

J. H. Füßli (1741–1825): „Der Nachtmahr", hier der Nachstich des Engländers T. Burke „The Night Mare" (zur Verfügung gestellt vom Kunsthaus in Zürich) (Vgl. dazu Storm in „Von heut und ehedem": IV 199 f.).

übernommen hatte[1], hat Storm angefangen, auf eigene Faust Gespenstergeschichten zu sammeln. Die große Zahl der Geschichten, die er damals zusammentrug (insgesamt 71!), dokumentiert Storms besondere Sympathie für das Spuk- und Gespensterwesen.

Storms tief innerlich verwurzelte Sympathie für das Unheimliche ist bereits 1855 dem Maler und Schriftsteller Ludwig Pietsch aufgefallen. Er hat Storm bei der Betrachtung eines Ölgemäldes von Carl Blechen während einer Sonderausstellung im Gebäude der Berliner Kunstakademie beobachtet (von ihm „Wahnsinnsbild" genannt[2]), in dessen Vordergrund (links) ein „seltsames Monstrum" „ein Zwerg mit ungeheurem Kopf" und „im Hintergrund" „am Seeufer ein weibliches Wesen" zu sehen war, das „angstvoll flehend" die Arme gegen einen Schützen erhebt, der mit seinem Gewehr auf sie zielt. Pietsch fasst Storms Reaktion bei der Betrachtung des Bildes in dem Satz zusammen: „Das Romantisch-Dämonische, Grauenvoll Spukhafte darin hatte eine sympathische Seite seiner <Storms> eigenen Seele berührt …"

Wie stark Storm an Spukgeschichten interessiert war, zeigt sich auch daran, dass er gern Spukgeschichten vortrug. Theodor Fontane erinnert sich[3], dass Storm dies „ganz vorzüglich verstand": „Er war ganz bei der Sache, sang es mehr, als er es las, und während seine Augen wie die eines kleinen Hexenmeisters leuchteten, verfolgten sie uns doch zugleich …" Von einem Abend bei dem Landrat von Wussow in Heiligenstadt berichtet Storm seiner Frau (11.7.1858): „Es war rasend behaglich, zuletzt kamen Gespenstergeschichten auf's Tapet; da hättest Du dabei sein sollen … Ich schwamm recht in Geschichten."

Dass Storm ein besonderes Verhältnis zu Spukgeschichten hatte, bestätigt auch seine Tochter Gertrud in ihren „Vergilbten Blättern". Im Kapitel „Spukgeschichten" fragt sie sich, ob ihr Vater „nicht doch ein wenig an Geister und Spuk" geglaubt habe und fügt hinzu, dass ihr Vater der Meinung war, „ein Anrecht zu haben, die Bekanntschaft wirklicher, sichtbarer Geister machen zu dürfen. Er hatte ein wahres Verlangen, Spukgeschichten nicht nur zu erzählen, sondern auch zu erleben" (S. 45). Mitunter habe ihr Vater ihr unmittelbar vor dem Zubettgehen „noch schnell mal" eine Spukgeschichte erzählt, u. a. die von einem jungen Pastor, der auf die Spuren eines grausigen Verbrechens stößt (S. 50 f.). Wir wissen heute – nachdem die Handschrift des „Neuen Gespensterbuchs" aufgetaucht ist –, dass Storm damals die Geschichte Nr. 2 („Die Pfarre") seines Gespensterbuchs vor Augen gehabt und nacherzählt hat. Aber auch eine von Eichendorff selbst erlebte Geschichte hat Storm gern zum Besten gegeben (ebendort S. 53 f.).

Auch sonst hat Storm gern Gespenstergeschichten vorgetragen. Auf einem Gesellschaftsabend seines Gesangvereins hat er einmal – wie er seinem Sohn Hans berichtet (20.2.1864) – eine solche Geschichte, und zwar „das plattdeutsche Gespenster-Döntje von Herrn Hönemann" erzählt. Diese Spukgeschichte gehörte offenbar zu seinem Geschichtenrepertoire. Professor Erich Schmidt nämlich berichtet, dass der Dichter ihm während seines Besuchs in Hademarschen am Silvesterabend 1882 eben diese vorgetragen habe und dass Storm zum Schluss, um die Wahrheit der Geschichte zu unterstreichen, „mit kräftiger Faust auf den Tisch" geschlagen habe, „daß die Gläser tanzten". Erich Schmidt war so beeindruckt von dieser Spukgeschichte, dass er Frau Do bat, die Geschichte für ihn aufzuschreiben (der Text hat sich im Nachlass des Literaturwissenschaftlers erhalten[4]).

Auch die Münchener Malerin und Lyrikerin Hermione von Preuschen erinnert sich, dass Storm ihr in seinem Hause „allerhand ‚selbst-erlebte' Spukgeschichten erzählt" habe. Denn er glaubte – das jedenfalls war die Meinung seiner Besucherin – „fest an das Hereinragen einer anderen Welt in die unsere"[5].

Gertrud, die Tochter des Dichters, ist davon überzeugt, dass ihr Vater, „wie wir Küstenbewohner fast durchweg", an „Vorspuk", an „das zweite Gesicht" glaubte (S. 44). So hoffte Storm von einem Besuch in Toftlund im Amtshaus seines Sohnes Ernst, „an der Grenze Nordfrieslands", das „wie Schottland als Heimat des zweiten Gesichts" gilt, eine „heimeliche Hausgeschichte" mitbringen zu können (so an Gottfried Keller 4.8.1882). Wenn er auch – wie er Keller versicherte – „nicht an Un- oder Übernatürliches glaubte", so war er doch der Meinung, „daß das Natürliche, was nicht unter die alltäglichen Wahrnehmungen fällt, … bei Weitem noch nicht erkannt ist."

Die Bedeutung, die Spuk und Aberglauben für Storm hatte, dokumentieren die zahlreichen Bände zu diesem Thema, die sich in seiner Bibliothek befanden. Zu den wichtigsten gehören[6]:

- A. Apel und F. Laun: Gespensterbuch, 4 Bände. Stuttgart Mackenloh 1814/15
- G. Fr. Daumer: Das Geisterreich in Glauben, Vorstellung, Sage und Wirklichkeit, 2 Bände, Dresden: Türk 1867
- G. Fr. Daumer: Das Reich des Wundesamen und Geheimnisvollen, Regensburg, Coppenrath 1872
- G. Schilling, F. Kind, F. Laun: Das Gespenst, Drey Erzählungen, Wien 1815
- Sagen, Märchengestalten sowie Geister-, Wunder- und Aberglauben Berlin o. J. (dem Band hat Storm ein eigenes handschriftliches Inhaltsverzeichnis beigegeben)
- Lübische Geschichten und Sagen, gesammelt und zusammengestellt von Ernst Deeke, Lübeck: Dittmersche Buchhandlung 1857.

Illustration zu Storms Gedicht „In Bulemanns Haus" von Max Kahlke (1920) (Storm-Archiv, Husum).

Hinzu kommen noch drei Bände, die er in seinem „Neuen Gespensterbuch" als Quelle selbst benutzt und angeführt hat (vgl. hier S. 163).

Obwohl Storm das Sammeln von Spukgeschichten nach 1848 aufgegeben und die Veröffentlichung des „Neuen Gespensterbuchs" nicht weiter verfolgt hat, sind dennoch Spukgeschichten weiterhin Bestandteil seiner Dichtung geblieben. Unter Storms Märchen sind solche, die man geradezu als Spukgeschichten bezeichnen kann (z. B. „Bulemanns Haus"), und auch in seinen Gedichten und Novellen spielt das Unheimliche eine wichtige Rolle, zum Beispiel in dem Gedicht „In Bulemanns Haus" (I 103), mit dessen Vortrag Storm seinen Freund Fontane in Potsdam beeindruckte (vgl. Abb. S. 146):

> Es klippt auf den Gassen im Mondenschein;
> Das ist die zierliche Kleine,
> Die geht auf ihren Pantöffelein
> Behend und mutterseelenallein
> Durch die Gassen im Mondenscheine.
>
> Sie geht in ein alt' verfallenes Haus;
> Im Flur ist die Tafel gedecket,
> Da tanzt vor dem Monde die Maus mit der Maus,
> Da setzt sich das Kind mit den Mäusen zum Schmaus,
> Die Tellerlein werden gelecket.
>
> <...>

Oder mit dem Gedicht „Sturmnacht" (I 45):

> Im Hinterhaus im Fliesensaal
> Über Urgroßmutters Tisch' und Bänke,
> Über die alten Schatullen und Schränke
> Wandelt der zitternde Mondenstrahl.

Vom Wald kommt der Wind
Und fährt an die Scheiben;
Und geschwind, geschwind
Schwatzt er ein Wort,
Und dann wieder fort
Zum Wald über Föhren und Eiben.
Da wird auch das alte verzauberte Holz
Da drinnen lebendig;
Wie sonst im Walde will es stolz
Die Kronen schütteln unbändig,
Mit den Ästen greifen hinaus in die Nacht,
Mit dem Sturm sich schaukeln in brausender Jagd,
Mit den Blättern im Übermut rauschen,
Beim Tanz im Flug
Durch Wolkenzug
Mit dem Mondlicht silberne Blicke tauschen.
Da müht sich der Lehnstuhl die Arme zu recken,
Den Rokokofuß will das Kanapee strecken,

Illustration zu Storms Gedicht „Sturmnacht", „Die alten Möbeln" von Wilhelm Heuer (1850) (Storm-Archiv, Husum).

In der Kommode die Schubfächer drängen
Und wollen die rostigen Schlösser sprengen;
Der Eichschrank unter dem kleinen Troß
Steht da, ein finsterer Koloß.

<...>

Auch in Storms Novellen spielt das Unheimliche eine bedeutende Rolle.

In der Novelle „Auf der Universität" z. B. fürchtet sich der Schlittschuhläufer, während er auf der Eisdecke „über die schwarze Tiefe" dahingleitet, vor dem „Sargfisch", der dort hausen soll und mitunter „heraufsteigt", um „sein Opfer" zu holen (I 545 f.).

In „Waldwinkel" ist es das „Erntekind", das im „wogenden Ährenfall" lauert und dem Wanderer „die Augen brechen" kann (II 211).

„Im Brauerhause" treibt der „Finger" eines gehenkten Raubmörders, der im Bier gefunden wird, eine Brauerei an den Rand des Ruins (II 659 f.).

In „Eekenhof" tritt die Mutter aus dem Rahmen ihres Bildes, als ihr Kind in Gefahr ist (II 716).

In der Novellen „Zur Chronik von Grieshuus" sind es die „schlimmen Tage" (III 201 f.), die an einen Brudermord, an den „letzten Schatten eines düsteren Menschenschicksals", erinnern. Ähnlich ist es in der Kamingeschichte, in der einer über eine „schlimme Stelle" nicht hinwegkommen kann (IV, 55).

In der „Regentrude" steigen Andres und Maren in das „Innere der Erde" hinab und erlösen die „Welt" von der Trockenheit.

In der Novelle „Hans und Heinz Kirch" sieht der Vater Hans Kirch, der an seinem Sohn Heinz schuldig geworden ist und ihn verstoßen hat, im Traum ein „Vollschiff mit gebrochenen Masten untergehen" (III 124), und als „Zweites Gesicht" erscheint ihm dann „mitten im Wasser" der Sohn, der mit diesem Schiff untergegangen ist.

In der Novelle „Ein Bekenntnis" hat der Arzt in seiner Jugend – wie er erzählt (III 587) – „ein Gesicht gehabt, das ... sein ganzes späteres Leben bestimmt hat".

Von der Novelle „Renate" hat Storm ausdrücklich selbst gesagt, dass er auf den „dunklen Punkt" und „mysteriösen Hintergrund" nicht habe verzichten können (an Keller 29.8.1878).

In der Novelle „Der Schimmelreiter" spielt das Unheimliche eine besonders große Rolle. Bei der Ausarbeitung der Novelle sah Storm die Schwierigkeit darin (so am 29.8.1886 an Heyse), „eine Deichgespenstsage auf die vier Beine einer Novelle zu stellen, ohne den Charakter des Unheimlichen zu verwischen." So löst denn auch eine Gespenstererscheinung die eigentliche Erzählung aus: Ein Reisender, der bei starkem Unwetter auf einem nordfriesischen Deich zur Stadt reitet, begegnet einer „dunklen Gestalt", die auf einem „hochbeinigen hageren Schimmel" sitzt und den Reisenden mit „brennenden Augen" ansieht. Dieser jedoch vernimmt „keinen Hufschlag, kein Keuchen des Pferdes". Die unheimliche Erscheinung lässt der Dichter noch zweimal in die Erzählung vom Deichgrafen Hauke Haien hineinwirken: III 646 (In der Wirtsstube): „mir war, als hätte ich den hageren Reiter auf seinem Schimmel vorbeirauschen gesehen", III 678 (Bericht der Deichwache): „Wir Beide haben es gesehen, Hans Nickels und ich: der Schimmelreiter hat sich in den Bruch gestürzt." Die gespenstige Erscheinung aber löst nicht nur die Erzählung aus, sondern bleibt auch während der Erzählung immer gegenwärtig, bis zu dem Augenblick, wo der Deichgraf sich selbst in den Bruch stürzt.

Zusammenfassend lässt sich die Bedeutung des Spuks und des Unheimlichen für Storms Dichtung folgendermaßen umreißen: Für Storm hatte das Unheimliche seinen spezifischen poetischen Reiz. So konnte er dem realen Novellengeschehen mehr Atmosphäre und bestimmte poetische Stimmungselemente verleihen. Aber er konnte so auch die reale Welt um eine Dimension erweitern, jedenfalls eine Ahnung davon entwickeln, dass die profane Welt nicht die „ganze" Welt ist.

Ferdinand Tönnies, der junge Freund des Dichters und spätere Soziologe, berichtet in seinen „Gedenkblättern" (S. 59), dass Storm gern mit ihm gerade auch über „geheimnisvolle Dinge" gesprochen habe, und kommt – auf Grund dieser Gespräche – zu der Feststellung: „… das Geister- und Gespensterwesen, der Spuk und Aberglaube hatte nicht nur seinen poetischen Reiz für ihn <Storm>, dessen er sich voll bewusst war. Er neigte auch der Ansicht zu, dass es noch unerkannte Kräfte der menschlichen Seele gebe, die hin und wieder in solchen Geschichten und Einbildungen ihr verborgenes Dasein offenbaren möchten …" Und an anderer Stelle (S. 34): „Seine Weltsicht, durchaus wissenschaftlich in Richtung und

Inhalt, wies doch immer auf das Unergründliche hin, als die Wurzel alles Ergründlichen".

Storm wollte sich offenbar mit der nüchternen, erklärbaren realen Welt nicht begnügen, weder als Mensch noch als Dichter. Gerade auch nachdem er die christliche Glaubenswelt weitgehend aus seinem Leben ausgeklammert hatte[7], war er erfasst von einer tiefen Sehnsucht nach einer anderen geheimnisvollen „jenseitigen" Welt. In den Spukerscheinungen wurde diese Welt in Ansätzen sichtbar.

2

Das Manuskript
des „Neuen Gespensterbuchs"

a) Das Manuskript

Das Manuskript des „Neuen Gespensterbuchs" ist ein Handschriftenkonvolut, das aus 74 Blättern besteht, die z. T. beidseitig beschrieben und z. T. gefaltet sind; insgesamt sind es 135 Seiten[8]. Dabei werden verschiedene Papierformate benutzt, am häufigsten Folio (21 x 33 cm) und halbe Folioblätter (21 x 16,5 cm). Auch die Papiersorten unterscheiden sich; darunter befindet sich mehrfach das aus Storms Frühzeit bekannte bläuliche Briefpapier.

Das Handschriftenkonvolut ist überraschend gut erhalten. Es hat die 170 Jahre seit seiner Entstehung und die vielen turbulenten Wohnungswechsel (insgesamt 10!) fast völlig unbeschadet überstanden. Nur die großen Folioblätter weisen an ihren Rändern Beschädigungen (Einrisse, Verschmutzungen) auf, die jedoch so beschaffen sind, dass die beschädigten Manuskriptteile ohne weiteres entziffert werden können.

Die Einzelblätter des Manuskripts liegen in einem Doppelfolioblatt. Die erste Seite des Blattes trägt den Titel (in Storms Handschrift) „Neues Gespensterbuch" und den Untertitel „Beiträge zur Geschichte des Spuks". Auf der dritten und vierten Seite des Doppelblatts steht das Inhaltsverzeichnis, ebenfalls in der Handschrift des Dichters, von ihm „Register" genannt. Sorgfältig und deutlich sind da die Titel aufgeführt (nummeriert von 1 bis 69); ausdrücklich sind die Geschichten, die „nach mündlicher Überlieferung" aufgezeichnet sind und „nach der Erzählung glaubwürdiger Augenzeugen", mit einem Stern < * > hervorgehoben (insgesamt 37 Geschichten).

Die Geschichten sind von verschiedenen Schreibern geschrieben. Von Storms eigener Hand stammen 26 Geschichten, und zwar die Nummern: 1, 3, 5, 7, 8, 12, 13, 14, 15, 20, 26, 31, 32, 33, 40, 41, 42, 43, 46 a u. b, 47 a u. b, 48, 51, 52 und 53. Die Handschrift der

Faksimile des von Storm so bezeichneten „Registers", des Inhaltsverzeichnisses, seines „Neuen Gespensterbuchs" (l. Seite) (Original: Storm-Archiv, Husum).

Nummern 10, 11, 24 und 36 kann Storms Frau Constanze zugeordnet werden. In die von anderen Schreibern abgefassten Texte hat Storm handschriftlich nicht selten verbessernd eingegriffen (vgl. hier S. 157 f.).

b) Die Entstehungszeit

Als Entstehungszeit des Manuskripts „Neues Gespensterbuch" ist die Zeit zwischen 1843 bis 1848 anzusetzen. Am Ende ihrer Kieler Studienzeit, als die Gebrüder Mommsen und Storm den Entschluss fassten, im Sinne der Gebrüder Grimm „Sagen, Märchen und Lieder der Herzogtümer Schleswig, Holstein und Lauenburg" zu sammeln (1842), war zunächst von Spukgeschichten nirgends die Rede. Storms Studienkollege Hermann Carstens z. B. berichtet Theodor Mommsen nach einem Treffen mit Storm in Schleswig am 24.11.1842: „Er <Storm> hat eine Menge Sagen und Mährchen gesammelt". Und Storm selbst schreibt Mommsen: „<Ich> sammelte Sagen und Volksglauben und Märchen, die mir von allen Seiten zuflossen."[9]

Als dann der junge Germanist Karl Müllenhoff im Jahre 1843 das schleswig-holsteinische Sagensammlungsprojekt von Mommsen übernahm, hat auch Storm ihm seine Sammlungen überlassen und selbst mit dem Sammeln von Sagen aufgehört. Damals hat er wahrscheinlich angefangen, Gespenstergeschichten zu sammeln. Das beweist eine Anfrage, die Storm am 1.3.1845 an Müllenhoff richtet, wo es heißt: „Sind nicht unter den Manuskripten, die ich Ihnen gesandt, Gespenstergeschichten, und wenn, wollen Sie mir die nicht mit nächster Fahrpost senden".[10]

Storm hat also nach 1843 Spukgeschichten seine besondere Aufmerksamkeit gewidmet und 1845 definitiv solche gesammelt. Auf diese Entstehungszeit deutet auch die Spukgeschichte Nr. 15 hin, in der von der Zeit nach dem Brand von Hamburg die Rede ist (1842) (Vgl. S. 42). Seine Sammlung „Neues Gespensterbuch" hat er wahrscheinlich im Jahre 1848 abgeschlossen. Denn die Geschichte, die in „Fedder Eddings Hause" spielt und die ihm von der Buchhändlerin Doris Stamp mit ihrem Brief vom 6.2.1848 angeboten wurde[11], hat er nicht mehr in sein Gespensterbuch aufgenommen.

c) Die Bedeutung von Titel und Untertitel der Sammlung

Die Formulierungen des Titels und Untertitels („Neues Gespensterbuch" und „Beiträge zur Geschichte des Spuks") weisen darauf

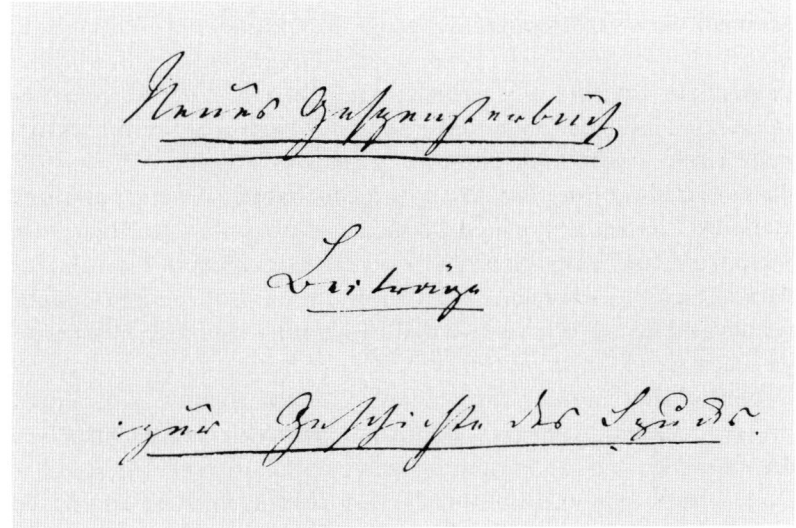

Faksimile des von Storm so beschrifteten Titelblatts „Neues Gespensterbuch. Beitrag zur Geschichte des Spuks" (Original: Storm-Archiv, Husum).

hin, dass Storm keine der üblichen Gespenstergeschichtensammlungen zusammenstellen, sondern eine „neue" Art Spuksammlung herausgeben wollte. Diese sollte ein „Beitrag zur Geschichte des Spuks" sein, das heißt, seine Sammlung sollte deutlich machen, wie Spukgeschichten aussehen, was eine Spukgeschichte ist. Dabei geht es Storm offenbar darum, in seinem Buch möglichst viele „wirkliche" Spukgeschichten zusammenzustellen, nicht erdachte, nicht literarisch bearbeitete oder poetisch verklärte Geschichten, also auch keine literarischen Geschichten mit Symbolgehalt, wie etwa E. T. A. Hoffmanns „Der goldene Topf". Storm sammelte Geschichten, aus denen sich das Wesen des Spuks ableiten lässt.

Das „neue" Gespensterbuch sollte möglichst viele wahre Geschichten vereinigen. Diesen Anspruch erfüllte Storms Sammlung dadurch, dass über die Hälfte seiner Geschichten zurückgingen auf die „Erzählung glaubwürdiger Augenzeugen" (vgl. das „Register"), dass die Quellen seiner Geschichten genau bezeichnet wurden und dass in dem Band vornehmlich solche Geschichten versammelt waren, die als glaubwürdig gelten konnten. Darauf wurde in den Geschichten auch immer wieder hingewiesen, z. B. wenn es heißt „Der Erzähler war an jenem Tage Mitglied der kleinen Gesellschaft und daher Augenzeuge" (Nr. 7) oder „Sie starb wirklich nicht lange darauf" (Nr. 27) oder „Die obigen Vorfälle wiederholten sich stets auf dieselbe Art, solange ich dies Zimmer bewohnte" (Nr. 26). Besonders nachdrücklich verweist der Erzähler von Nr. 33 auf die Wahrheit seiner Geschichte: „Daß der Inhalt der nachstehenden Geschichte wörtlich wahr ist, kann ich um so mehr verbürgen, als auch ich Einer der Zeugen der nächtlichen Unruhe gewesen bin".

Dieser Zielsetzung, ein „neues" Gespensterbuch vorzulegen und einen „Beitrag zur Geschichte des Spuks" zu liefern, entspricht die Tatsache, dass die Sammlung äußerst vielfältig angelegt und der Bogen, was die Herkunft und die Art der Geschichten angeht, so weit wie möglich gespannt ist (vgl. hier S. 162 f.). So besteht Storms Gespensterbuch aus Spukgeschichten ganz verschiedener Herkunft und Art, aus ganz verschiedenen Orten und Zeitabschnitten. Der eine der zwei „merkwürdigen Träume" (Nr. 60) z. B. ist Ciceros Schrift „De divinatione" (Von der Weissagung) aus dem Jahre 44 vor Chr. entnommen; eine Geschichte (Nr. 32) ist von einem „Professor aus Königsberg" überliefert, und Nr. 54 stammt von dem „Superintendenten Schwarze"; eine Gespenstergeschichte (Nr. 29) spielt während der Belagerung von Stralsund im Jahre 1627, eine andere (Nr. 34) vor dem Brand des Kopenhagener Königsschlosses (1794), mehrere knüpfen an Ereignisse in England an (Nr. 6 u. 11), andere stammen aus Schottland (Nr. 10 u. 40), aus dem Herzogtum Schleswig (z. B. Nr. 5) oder aus dem angrenzenden Dänemark (Nr. 42 u. 53); Schauplatz von Nr. 21 ist Berlin, von Nr. 26 München, von anderen Rostock (Nr. 50), Venedig (Nr. 30) und Paris (Nr. 36 u. 46).

Mit seinem „neuen" Gespensterbuch wollte Storm offenbar deutlich machen, dass Spukgeschichten zwar dem heimischen Ort verpflichtet sind, aber weltweit und zu allen Zeiten in Erscheinung treten und somit ein Stück Menschheitsgeschichte darstellen.

Mit dem Titel „Neues Gespensterbuch", mit dem Untertitel „Beiträge zur Geschichte des Spuks" und mit der weitgespannten Herkunfts- und Themenvielfalt wollte Storm seine Sammlung offenbar absetzen gegen ältere Sammlungen (wie etwa „Museum des

Wundervollen" oder „Theorie der Geisterkunde" oder das 4-bändige „Gespensterbuch" von Apel und Laun, vgl. hier S. 162 ff.), vor allem aber auch gegen zeitgenössische Sammlungen wie die der Gebrüder Grimm[12] und die Karl Müllenhoffs[13], die sich auf deutsche bzw. auf schleswig-holsteinische Sagen und Märchen beschränkten.

d) Weshalb das druckfertige Manuskript nicht veröffentlicht wurde

Dass das „Neue Gespensterbuch" von Storm zur Veröffentlichung vorgesehen und zum Druck vorbereitet worden ist, geht eindeutig aus dem Manuskript hervor: Das Titelblatt ist auf einer Extraseite besonders hervorgehoben (vgl. Abb. S. 155). Es folgt ein sehr sorgfältig zusammengestelltes Inhaltsverzeichnis (von Storm „Register" genannt), der die Texte nummeriert und mit einem erläuternden Zeichen, einem „*" versieht, wenn die Geschichten im vorliegenden Buch zum erstenmal nach mündlicher Überlieferung aufgezeichnet sind.

Ein sicheres Zeichen dafür, dass Storm das Manuskript für den Druck eingerichtet hat, sind die ausdrücklichen Anweisungen Storms für die Drucker und seine eigenmächtigen Textverbesserungen. So wird z. B. ein zwischen die Zeilen nachträglich eingefügter, schlecht lesbarer Satz (in Nr. 42) von Storm am Rand mit folgender Bemerkung wiederholt: „Falls d<er> S<etzer> das Eingeschobene nicht lesen könnte!" Und ein andermal hat er mit den Worten „Überschrift unten" den Setzer auf die „Überschrift zu vorstehender Geschichte" (Nr. 16) hingewiesen, die er auf der vorhergehenden Seite notiert hat („Die Versöhnung").

Das Manuskript verrät, dass Storm seine Aufgabe als Herausgeber sehr ernst genommen hat. Mehrfach hat er die fehlenden Überschriften von sich aus hinzugefügt, z. B. die Überschriften von Nr. 8 („Ein Doppelgänger"), Nr. 10 („Die Dokumente"), Nr. 11 („Der verhinderte Mord"), Nr. 18 („Der Tropfenfall"), Nr. 22 („Die Laube"), Nr. 24 („Ein anderes Zweites Gesicht"), Nr. 25 („Der alte O"), Nr. 36 („Eine bis jetzt halb erfüllte Prophezeiung"), Nr. 41 („Das Gesicht des Nachtwächters"), Nr. 54 („Die Violine"), Nr. 58 („Versprochene Rückkehr nach dem Tode"). Mehrfach hat er als Herausgeber in den Text der verschiedenen Schreiber verbessernd eingegriffen. Er hat Verschreibungen, Auslassungen, grammatische und orthographische Fehler korrigiert, zum Beispiel:

Nr. 6: für Schrecken > vor Schrecken
Nr. 23: wohin mein Onkel gehen sah > wohin mein Onkel die Erscheinung hatte gehen sehen
Nr. 28: Brenkenburg > Brenkenhof
Nr. 31: was anderes > was Unheimliches
Nr. 59: er will öffnen und findest das abgeschlossen ist > er will öffnen und findet die Tür verschlossen.

Aber auch kleinere inhaltliche und stilistische Verbesserungen hat er sich erlaubt, zum Beispiel:

Nr. 6: Freundschaft errichtet > Freundschaft geschlossen
Nr. 16: akkurat > genau; Ceromonien > Zeremonien
Nr. 35: wurde mir so unheimlich > fühlte ich, wie es mir rieselnd über die Haut kroch.
Nr. 44: wie er behauptet > nach seiner Behauptung
Nr. 52: weiße Hand > bleiche Hand
Nr. 54: zugleich > sogleich
Nr. 56: so helle und schöne Winternacht ... wie nur eine war > wie wir sie nur in unserm Norden haben
Nr. 57: ihn > den Verstorbenen
Nr. 59: das Einzige > das einzige Mittel

In einigen Fällen hat Storm auch unnötige Angaben und Zusätze gestrichen, so z. B. in Nr. 27 die Erklärung zu „Hotel Garni" („eine möblierte Wohnung").

Storms Textverbesserungen, seine Angaben für den Setzer und das sorgfältig aufgestellte Inhaltsverzeichnis („Register") lassen keinen Zweifel daran aufkommen, dass das „Neue Gespensterbuch" ein druckfertiges Manuskript ist.

Von daher stellt sich die Frage: Warum hat Storm das Manuskript nach der Fertigstellung, also in den Jahren 1848–1853, als er noch in Husum war, nicht zum Druck gegeben und auch später bis zu seinem Tode hin keinen Verleger für diese Sammlung gesucht?

Hinweise von Storm selbst zu diesem Sachverhalt gibt es nicht. Wahrscheinlich haben die Aufregungen und Wirren, in die der Schleswig-Holsteinische Befreiungskampf (ab 1848) und sein

Scheitern (1850) die Menschen in Schleswig-Holstein, insbesondere Theodor Storm und seine Familie, stürzten, die Drucklegung verhindert. Es fehlten einfach die politischen und wirtschaftlichen Voraussetzungen dafür (Müllenhoffs Sagensammlung war noch kurz vor dieser Zeit, im Jahre 1845, erschienen). So blieb das druckfertige Manuskript in der Schublade und – von 1853 an – im Emigrantengepäck liegen.

Außerdem waren seit Mitte des 19. Jahrhunderts Gespenstergeschichten, volkskundliche Sammlungen überhaupt, allmählich aus der Mode gekommen. Die „moderne Kritik", z. B. Julian Schmidt, einer der Programmatiker des Poetischen Realismus, sah in den Gespenstergeschichten Überreste der Romantik und hat sie – wie Storm wohl wusste (Brief an seinen Sohn Ernst, 17.1.1870) – „ohne viel Federlesens" „aus der Poesie hinausgewiesen". Im Rahmen seiner Spukgeschichtensammlung „Am Kamin" lässt Storm einen Zuhörer sogar die Frage stellen, ob denn die Spukgeschichten nicht „gänzlich zum Rüstzeug der Reaktion" gehörten.

Storm hat das Manuskript des „Neuen Gespensterbuchs" später weder in seinen Briefen noch anderen gegenüber (soweit wir wissen) erwähnt. Nur einmal hat der Dichter das Manuskript hervorgeholt und benutzt (allerdings ohne dessen Existenz anderen gegenüber zu erwähnen): Als die Zeitschrift „Bazar" im Dezember 1861 den Dichter um eine Novelle bat, die aber „weder Religion noch Politik berühren" sollte (Storm an seine Mutter, 6. Dezember 1861), hat Storm die Texte der Nummern 7 („Die verhängnisvolle Stelle"), der Nr. 32 („Der Gespensterbesen") und der Nr. 52 („Der Tod der Mutter") seines Gespensterbuchmanuskripts für seine Sammlung „Am Kamin" (IV 52–78) benutzt, in der Form allerdings stark verändert (vgl. hier S. 169 f.).

Das Manuskript des „Neuen Gespensterbuchs" ist bis zum Tode des Dichters unerwähnt und nach seinem Tode über 80 Jahre unentdeckt geblieben.

e) Die Wiederentdeckung des Manuskripts

Von einer Wiederentdeckung des Manuskripts „Neues Gespensterbuch" im eigentlichen Sinne kann man nur bedingt sprechen. Denn davon, dass ein solches Manuskript wirklich existierte, ist weder zu Storms Lebzeiten noch später etwas bekannt gewesen. Storm selbst hat das „Neue Gespensterbuch" nie erwähnt, höchstens Geschichten daraus benutzt (vgl. weiter unten zu „Am Kamin"); auch seine Zeitgenossen und seine Erben haben nichts von einem solchen Manuskript gewusst.

Die Wiederentdeckung des Manuskripts „Neues Gespensterbuch" hat sich eher zufällig ergeben. Nach der Gründung der Theodor-Storm-Gesellschaft im Jahre 1948 war diese natürlich an guten Beziehungen zu den Nachkommen des Dichters interessiert. Zu diesen zählte insbesondere Frau Elisabeth Spethmann, die Tochter von Ernst Storm und die älteste Enkelin des Dichters (geb. 1884, gest. 1979), zumal diese, wie man wusste, Teile aus dem Nachlass ihres Großvaters geerbt hatte. Besonders interessierten die Gesellschaft damals die Teile von Storms Bibliothek, die Frau Spethmann in Storms Mahagoni-Bücherschrank in ihrem Haus in Husum aufbewahrte (heute: im Storm-Haus in Husum). Im Herbst 1969 erhielt der damalige Sekretär der Gesellschaft von Frau Spethmann die Erlaubnis, die Bücher des Dichters an vorher vereinbarten Tagen und Stunden an Ort und Stelle (also in Frau Spethmanns Wohnzimmer) zu katalogisieren, eine Arbeit, die mehrere Wochen in Anspruch nahm (Katalog heute im Husumer Storm-Archiv).

Eines Abends erzählte Frau Spethmann, die während der Katalogisierung gern Fragen stellte und beantwortete, dass sie zwischen den originalen Novellenmanuskripten des Dichters, die sie geerbt habe und als Erbteil ihren Kindern hinterlassen wollte, ein ihr unbekanntes Manuskript entdeckt hätte, das nicht von Storm stammte, und fragte, ob auch ein solches Konvolut aus dem Nachlass des Dichters für die Storm-Gesellschaft einen Wert hätte. Der Sekretär bat sie, ihm das Manuskript zu zeigen. Sie holte – was sie sonst niemals zu tun pflegte – den Schlüssel für die entsprechende Schublade im linken Teil ihres Schreibtisches, in dem sie die Storm-Manuskripte aufbewahrte, und übergab dem Sekretär der Gesellschaft einen Packen von beschriebenen Einzelblättern, die – auf den ersten Blick jedenfalls – nicht von Storm stammten. Beim Durchblättern des Handschriftenkonvoluts glaubte der Sekretär jedoch, hin und wieder Handschriften zu entdecken, die vom frühen Storm stammen konnten; aber er war sich nicht sicher. Plötzlich fragte ihn Frau Spethmann – die sonst sehr zurückhaltend war und vom Verkauf ihrer Stormiana nichts wissen wollte –, ob das Storm-Archiv Interesse an solchen Blättern hätte (für sie war es offensichtlich kein echtes Storm-Manuskript). Der Sekretär nannte ihr spontan eine Summe, und sie willigte sofort ein (brauchte sie Geld für ein besonderes Weihnachtsgeschenk?). So erhielt das Husumer Storm-Archiv ein bis dahin völlig unbekanntes, freilich nicht ohne weiteres identifizierbares Manuskript.

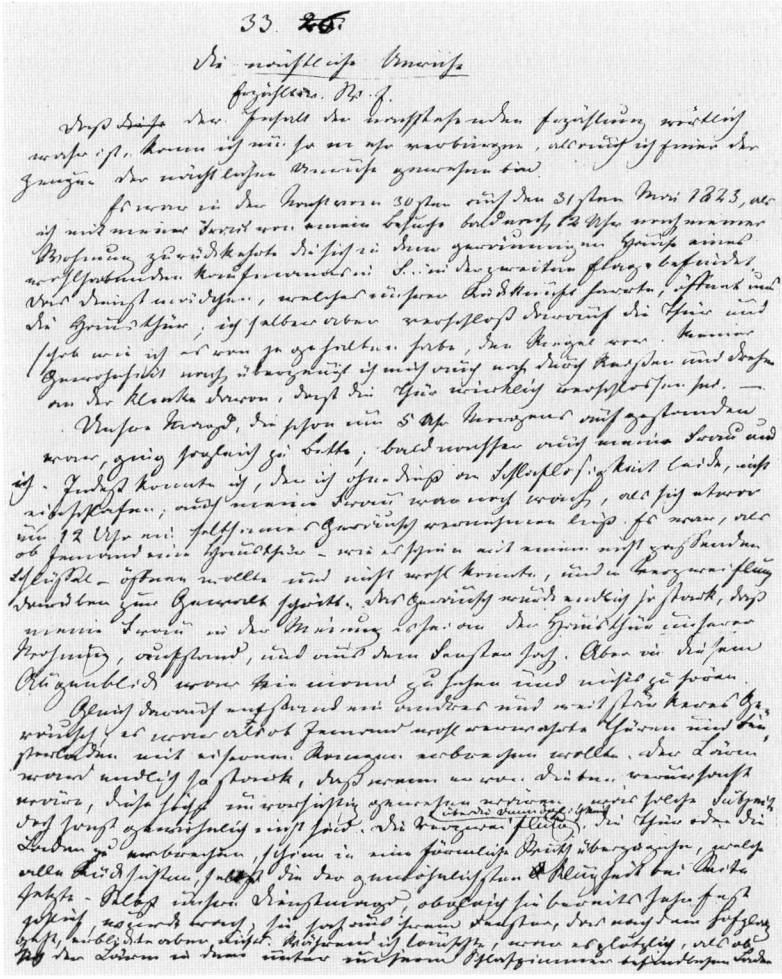

Spukgschichte Nr. 33, in Storms Handschrift. Titel „Die nächtliche Unruhe" (Original: Storm-Archiv, Husum).

3

Die Quellen der Gespenstergeschichten

Storm hat in seinem „Neuen Gespensterbuch" die Herkunft der einzelnen Geschichten äußerst sorgfältig vermerkt. In seiner Sammlung sollte offenbar deutlich werden, dass hier sämtliche Geschichten „wirkliche" Gespenstergeschichten sind, dass es sich hier also nicht um eine Sammlung erfundener oder literarischer Erzählungen handelt, sondern um Gespenstergeschichten, die selbst erlebt oder nachweislich als selbst erlebt überliefert sind.

An erster Stelle stehen die im Register mit „*" gekennzeichneten Geschichten, also solche Geschichten, die, laut Register, „nach der Erzählung glaubwürdiger Augenzeugen" überliefert sind. Das sind 37 Geschichten der insgesamt im Register angeführten 69 Geschichten, also mehr als die Hälfte.

An zweiter Stelle stehen die Geschichten, die durch bestimmte Personen überliefert sind und deren Erzähler ausdrücklich angegeben werden, z. B. in Nr. 2: „Erzählt von einem Professor in Königsberg" oder in Nr. 4: „Erzählt von Luise Brachmann" oder in Nr. 7: „Erzählt von Herrn H.". Die Namen anderer Erzähler werden von Storm jeweils unter dem Titel in Abkürzung angegeben; einige sind nicht zu identifizieren. Wer sind z. B. „H. S. in S." (Nr. 8), „Frau E. S." (Nr. 15 u. 22), „Herr N." (Nr. 26), „W. J." (Nr. 33) oder „Frau P. L." und „H. P. L." (Nr. 51)? Andere lassen sich dem Bekanntenkreis Storms in Husum zuordnen. Die Abkürzung „Frl. Ch. v. K." (Nr. 42 u. 43) steht für die Tochter des Amtmannes von Husum, des Kammerherrn G. von Krogh, für die spätere Malerin Charlotte von Krogh (1827–1913). Sie gehörte in den 40er Jahren zu Storms Bekanntenkreis und zu den Mitgliedern seines „Singvereins".

Sieben Spukgeschichten tragen den Vermerk „D. St." (Nr. 23, 35, 59) oder „Frl. D. St." (Nr. 24, 44, 56, 57). Das ist sehr wahrscheinlich Doris Stamp. Sie stammt aus Husum oder aus der Umgebung der Stadt. Sie unterhielt zuerst in Flensburg, später in Rendsburg eine Leihbibliothek. In einem Brief an seine Eltern vom

19. Dezember 1858 berichtet Storm, dass „die Stamp" ihm mit ihrer Geschichte von einer „alten Frau van Ovens in Friedrichstadt" den Anstoß zur Novelle „Auf dem Staatshof" gegeben hat. Dass sie Storm auch Spukgeschichten zur Verfügung gestellt hat, beweist ihr Brief an Storm vom 6. Februar 1848, der offenbar auf die Geschichten Bezug nimmt, die sie ihm für sein „Neues Gespensterbuch", aber – wie sie zu erkennen gibt – nicht für Müllenhoffs „Sagen, Märchen und Lieder" (1845) überlassen hatte; in dem Brief gesteht sie Storm[14]: „Es war in mir zur festen Idee geworden, daß Sie Alles und Jedes was in Geister- und Gespenster-Geschichten aufgeschrieben wurde, an Müllenhoff für seine Schl. Holst. Sagen u. März. gegeben, bis ich Selbige erhielt und mich überzeugte, wie Wenige nur hinzugekommen." Da überdies die Geschichten, die sich unter dem Namenskürzel „D. St." in Storms Gespensterbuch finden, größtenteils aus Flensburg und Rendsburg stammen, also aus Doris Stamps Wirkungsbereich, wird man „D. St." mit Doris Stamp gleichsetzen dürfen.

Als Quelle für weitere neun Spukgeschichten hat Storm ältere Bücher angegeben, bzw. lassen sich solche als Vorlage erschließen. Es handelt sich um folgende Bücher (vgl. die Abb. S. 164, 165, 167):

1. Monatliche Unterredungen von dem Reiche der Geister, 18 Stück, Leipzig 1731–1741
2. Museum des Wundervollen oder Magazin des Außerordentlichen in der Natur, Kunst und im Menschenleben, hg. von J. A. Bergk und F. G. Baumgärtner, 12 Bände, Leipzig: Baumgärtnersche Buchhandlung 1803–1810
3. Theorie der Geister-Kunde. Was von Ahnungen, Gesichten und Geistererscheinungen geglaubt oder nicht geglaubt werden müße; von Dr. Johann Heinrich Jung genannt Stilling, Nürnberg: Raw'sche Buchhandlung 1808
4. Denkwürdigkeiten aus dem Leben eines Geschäftsmannes, Dichters und Humoristen, hg. von J. L. Schwarz, Leipzig: Chr. E. Kollmann, 1828
5. Magazin zur Erfahrungsseelenkunde, hg. von Carl Philipp Moritz, Berlin: Mylius 1783

Der Band „Theorie der Geister-Kunde" von J. H. Jung, genannt Stilling, stand – wie sich nachweisen lässt – in Storms Bibliothek; er

Titelblatt des Bandes „Theorie der Geisterkunde", von Dr. Johann Heinrich Jung, genannt Stilling, Nürnberg: Rau'sche Buchhandlung 1808 (Storm-Archiv, Husum).

befindet sich heute noch im Besitz von Storm-Nachkommen. Diesen Band hat der Dichter als Quelle für seine Spukgeschichtensammlung intensiver genutzt, als aus seinen Quellenangaben hervorgeht. Nur einmal, zu Nr. 58 („Versprochene Rückkehr nach dem Tode"), verweist er ausdrücklich auf „Jung Stilling", und die genannte Geschichte findet sich tatsächlich in dem Band: S. 267–269. Auch für weitere sieben Spukgeschichten, bei denen Storm die ursprüngliche Quellenangabe „Museum des Wundervollen" gestrichen (Nr. 6, 16, 21, 22, 27, 28) oder für die er keine Quelle angegeben hat (Nr. 50), lässt sich Jungs „Theorie der Geister-Kunde" als Vorlage nachweisen. Ein Vergleich z. B. der Spukgeschichte „Traum des Herrn von Brenckenhof" (Nr. 28) mit dem Text, wie er bei Jung Stilling (S. 112 f.) abgedruckt ist, zeigt fast wörtliche Übereinstimmungen. Nur die Orthographie ist behutsam modernisiert,

ΓΝΩΘΙ ΣΑΥΤΟΝ

oder

Magazin

zur

Erfahrungsseelenkunde

als ein

Lesebuch

für

Gelehrte und Ungelehrte.

Mit

Unterstützung mehrerer Wahrheitsfreunde

herausgegeben

von

Carl Philipp Moritz.

Ersten Bandes erstes Stück.

Berlin,

bei August Mylius 1783.

Titelblatt des Bandes „Magazin zur Erfahrungsseelenkunde", von Carl Philipp Moritz, Berlin: August Mylius 1783 (Storm-Archiv, Husum).

und die Einleitungssätze sind verändert; Jung beginnt: „Im Museum des Wundervollen, ich glaube im 4ten Stück des 6ten Bandes, wird der, auch anderswoher bekannte Traum des berühmten Herrn von Brenckenhof erzählt. An der Wahrheit desselben ist nicht zu zweifeln. Diesen träumte des Nachts, er befände sich …" Storm verzichtet auf jede Einleitung und fängt gleich an zu erzählen: „Den Herrn v. Brenckenhof träumte eines Nachts, er befände sich …" Entsprechende Befunde ergeben sich beim Vergleich der anderen Spukgeschichten, für die Storm ursprünglich die Quellenangabe „Museum des Wundervollen" vorgesehen, dann aber gestrichen hat: jedes Mal ist der Band von Jung die Vorlage gewesen.

Zu ähnlichen Ergebnissen kommt eine Untersuchung der Geschichte „Die Versöhnung" (Nr. 16), der einzigen, für die Storm die „Monatlichen Unterredungen von dem Reiche der Geister" als Quelle angibt. Auch hier sind die Übereinstimmungen zwischen dem Text der Stormschen Sammlung und dem Jung'schen Text so groß, dass eine Übernahme des Textes direkt auf Jung Stilling „Theorie der Geister-Kunde" evident erscheint.

Auch für Nr. 21 („Die Lotterienummern") ist Jung Stillings „Theorie der Geisterkunde" die Vorlage gewesen. Das ergibt sich aus einem Vergleich des Storm-Textes mit Jung und der Quelle, die Jung angibt (S. 116), mit „Moritzens Erfahrungsseelenkunde" (S. 70 ff.). Alle wesentlichen Veränderungen, die Jung Stilling bei der Übernahme des Moritz-Textes an diesem vorgenommen hat, finden sich im Storm-Text (z. B. die als Erläuterung hinzugefügten Bemerkungen „in Berlin", „noch immer im Traum"). Die Überschrift „Die Lotterienummern" hat Storm selbst hinzugefügt.

Einmal hat Storm auf den von Schwarz herausgegebenen Band „Denkwürdigkeiten aus dem Leben eines Geschäftsmannes, Dichters und Humoristen" als Quelle verwiesen; bei der Geschichte „Der alte O." (Nr. 25). Diese Geschichte ist wörtlich aus diesem Bande übernommen (S. 107 f.).

Einige Quellenangaben Storms sind nicht zu entschlüsseln; Angaben wie „aus der Abendzeitung" (Nr. 39), „Einem englischen Blatte nacherzählt" (Nr. 30) und „Erzählt von einem Professor in Königsberg" (Nr. 2) bleiben dunkel. Ob die Erzählerin „Luise Brachmann" (Nr. 4) die mit Novalis und Schiller bekannte Schriftstellerin ist (1777–1822), konnte bisher nicht einwandfrei nachgewiesen werden.

Museum des Wundervollen

oder

Magazin des Außerordentlichen

in

der Natur, der Kunst

und

im Menschenleben.

Bearbeitet
von einer Gesellschaft Gelehrter
und herausgegeben
von
J. A. Bergk und F. G. Baumgärtner.

Thatsachen erleichtern den Weg zur Wahrheit.
Galiani.

Sechsten Bandes, Erstes Stück.

Leipzig,
Baumgärtnersche Buchhandlung, 1807.

Titelblatt des Bandes „Museum des Wundervollen oder Magazin des Außerordentlichen", herausgegeben von J. A. Bergk und F. G. Baumgärtner, Leipzig: Baumgärtner'sche Buchhandlung 1807 (der Band wurde zur Verfügung gestellt von der Hofbibliothek Fürst Thurn und Taxis, Regensburg).

Der Verfasser der Geschichte Nr. 18 „Der Tropfenfall" ist im Manuskript – offenbar von Storm – nachträglich und mit anderer Tinte hinzugefügt als „Erzählt von Hoffmann". Dabei handelt es sich – wie sich jetzt herausgestellt hat – um E. T. A. Hoffmann und um eine Geschichte aus seiner Sammlung „Der unheimliche Gast", die 1820 im 3. Band der „Serapionsbrüder" erschienen ist[15]. Der Geschichte geht ein ausführlicher Eingangsrahmen voraus (von etwa 7 Seiten). Storm übernimmt aber nur die eigentliche Spukgeschichte, die bei ihm – und bei E. T. A. Hoffmann – mit den Worten beginnt: „Vor einiger Zeit stieg ich auf der Reise in einem Gasthof ab." Abgeschrieben ist der Text von einem unbekannten Schreiber. Nur an einer einzigen Stelle variiert der Text von dem Text der autorisierten Hoffmann-Ausgabe (statt: „mein nächtiges Abenteuer": „mein wichtiges Abenteuer"). Der Titel „Der Tropfenfall" stammt von Storm und ist von ihm nachträglich über dem Text eingefügt.

Die Untersuchung der Quellen für die einzelnen Spukgeschichten bestätigt die Zielsetzung der Sammlung: sie soll möglichst vielschichtig und authentisch sein.

4

Vergleich des „Neuen Gespensterbuchs" mit der Spukgeschichtensammlung „Am Kamin"

Drei Spukgeschichten seines Gespensterbuchmanuskripts hat Storm – ohne das an irgendeiner Stelle zu erwähnen – später poetisch genutzt, und zwar für seine Spukgeschichtensammlung „Am Kamin", die er im September 1861 niederzuschreiben begann und 1862 veröffentlichte (vgl. LL IV 606 ff.).

Die eine Kamingeschichte (IV, S. 54–56) geht zurück auf die Nr. 7 der Handschrift, die „Die verhängnisvolle Stelle" überschrieben ist und die Geschichte von einem jungen Mann erzählt, der – wie während eines Ausflugs mit Freunden offenbar wird – eine bestimmte Stelle im Wege fürchtet und wenige Tage später an eben dieser Stelle tot aufgefunden wird.

Die andere Kamingeschichte (IV, S. 56–59) stimmt inhaltlich in wesentlichen Teilen mit Nr. 32 der Handschrift überein, die „Der Gespensterbesen" betitelt ist, mit einer Geschichte, die von einem Handwerksgesellen handelt, der in seiner Schlafkammer mehrfach von den Kehrgeräuschen eines Reisbesens aufgeschreckt wird, sich davon aber nicht vertreiben lässt, bis er eines Tages vom Garten her eine unheimliche Spukgestalt vor dem Fenster seiner Kammer hocken sieht.

Der Kern der dritten Kamingeschichte (IV, S. 59–62) entspricht dem der kurzen Geschichte, die als Nr. 52 der Handschrift unter der Überschrift „Der Tod der Mutter" vorliegt und in der von einem treu sorgenden Sohn die Rede ist, der Nacht für Nacht am Bett der Mutter wacht, ein einziges Mal in seiner Kammer schläft, dort von einer Hand mit einem weißen Taschentuch geweckt wird und dann seine Mutter tot im Bett findet, mit einem weißen Taschentuch in der Hand.

Drei Stücke der Sammlung „Am Kamin" gehen also auf Geschichten aus dem „Neuen Gespensterbuch" zurück, und zwar auf solche, die in Storms Handschrift vorliegen. Die Kamingeschichten unterscheiden sich jedoch ganz wesentlich von ihren Vorlagen, wie beispielhaft der Vergleich der Gespenstergeschichte Nr. 7 mit der ersten Kamingeschichte zeigt.

Die Gespenstergeschichte Nr. 7 „Die verhängnisvoll Stelle" beginnt ganz nüchtern und kunstlos:

„An einem schönen Sommertage des Jahres 183X machte eine Gesellschaft junger Leute aus T. zusammen eine Lusttour …"

Die Erzählung „Am Kamin" dagegen beginnt kunstvoll mit einem anschaulichen Eingangsrahmen, der sich über drei Seiten erstreckt (motivlich ist er beeinflusst vom Eingangsrahmen der Geschichte „Der unheimliche Gast" von E. T. A. Hoffmann)[16]. Der Stormsche Eingangsrahmen von „Am Kamin" beginnt:

„Ich werde Gespenstergeschichten erzählen: – Ja, da klatschen die jungen Damen schon alle in die Hände". „Wie kommen Sie denn zu Gespenstergeschichten, alter Herr?"

„Ich? – das liegt in der Luft. Hören sie nur, wie draußen der Oktoberwind in den Tannen fegt! …"

Der alte Herr fängt mehrmals an zu erzählen und wird mehrmals unterbrochen („In meiner Vaterstadt …"), („Der Vater erwachte eines Nachts …"). Danach servieren die Damen noch den „Trank", und erst dann beginnt der alte Herr die eigentliche Geschichte: „Ich weiß nicht, meine Damen, ob Sie jemals durch die Marsch gefahren sind …"

Aber im Gegensatz zur Gespensterbuchgeschichte Nr. 7 beginnt in „Am Kamin" die eigentliche Spukgeschichte auch jetzt noch nicht. In der Kamingeschichte werden noch anschauliche Ortsbeschreibungen vorausgeschickt („Marsch", „kleine Stadt T. im nördlichen Schleswig"); außerdem werden die Umstände geschildert, die den Erzähler nach T. geführt haben („Geschäfte") und es wird die Stadt, in der der Erzähler während einer Abendgesellschaft die Geschichte gehört hat, als „Gespensternest" „voll von Heidenglauben" charakterisiert. Erst dann beginnt in „Am Kamin" die eigentliche Spukgeschichte:

„Es war vor etwa zehn Jahren …, als ich mit einem jungen Kaufmann und einigen anderen Bekannten eine Lustfahrt … machte …"

Auch die äußeren Umstände der Fahrt werden in der Kamingeschichte sehr viel anschaulicher ausgemalt als in der Gespensterbuchgeschichte. In „Am Kamin" heißt es u. a.:

„Das Gras auf den Fennen funkelte ... in der Sonne ..."
„Die Stare mit ihrem lustigen Geschrei flogen ... zwischen dem weidenden Vieh umher ..."
„Plötzlich ... als wir an einem blühenden Rapsfelde vorbeifuhren ..."

Die Gespensterbuchgeschichte dagegen beschränkt sich auf die Feststellungen des jungen Mannes:

„Gottlob, daß wir über die Stelle hinweg sind ..."
„... da war eine häßliche Stelle im Wege ..."

In „Am Kamin" dagegen wird dieser Wendepunkt der Geschichte novellistisch ausgemalt:

„... <der junge Mann> verstummte mitten im lebhaftesten Gespräch, und seine Augen nahmen einen so seltsam glasigen Ausdruck an, wie ich ihn nie zuvor an einem lebenden Menschen gesehen hatte."

Auch die Reaktion der Bekannten wird in der Kamingeschichte eindringlich beschrieben:

„Fritz, Fritz, was fehlt dir?"...

Die Schlüsse der beiden Geschichten unterscheiden sich grundsätzlich. Im Gespensterbuch heißt es lapidarisch: „Die Stelle aber, wo ihn der Tod ereilt hatte, war dieselbe, welche er vor acht Tagen so schwer passiert hatte.

An den Schluss der Kamin-Geschichte dagegen stellt der Dichter bezeichnenderweise – und das ist für eine Spukgeschichte ganz ungewöhnlich – Verse:

Und geht es noch so rüstig
Hin über Stein und Steg,
Es ist eine Stelle im Wege,
Du kommst darüber nicht weg.

Nach den Versen folgt dann aber auch noch ein – allerdings sehr kurzer – Schlussrahmen, der die Erzählsituation des Eingangsrahmens wieder aufnimmt: Der Erzähler erhält „ein Glas Punsch".

Der Vergleich der Kamingeschichte mit der Gespensterbuchgeschichte macht grundsätzliche Unterschiede deutlich:

Das „Neue Gespensterbuch" erweist sich als eine Sammlung kunstloser „wirklicher" Gespenstergeschichten, wie sie im Volk erzählt werden, ohne poetische Zusätze. Die Kamingeschichte benutzt zwar die Fakten der Gespenstergeschichte, verändert aber die Erzählform: Mit ihrem Erzählrahmen (einer Vorform der komplizierten Rahmen der späteren Novellen Storms) und mit den poetischen Ausformungen der Erzählung (z. B. mit den Versen am

Schluss „Und geht es noch so rüstig…") steht die Kamingeschichte in der Nähe von Novellen, wie sie für den „Poetischen Realismus" typisch sind. Man kann die Sammlung „Am Kamin" geradezu als eine Art Durchgangsstation ansehen auf dem Wege vom „Neuen Gespensterbuch" bis zu den späten Novellen Storms, bis hin zur Novelle „Der Schimmelreiter", wo es – nach Storm (an Heyse 24.8.1886) – darum ging, „eine Deichgespenstsage auf die vier Beine einer Novelle zu stellen".

Anmerkungen zum Kommentar

1 Gerd Eversberg: Theodor Storm: Anekdoten, Märchen, Sagen, Sprichwörter und Reime aus Schleswig-Holstein, Heide: Boyens 2005, besonders S. 162 f.
2 Ludwig Pietsch: Wie ich Schriftsteller geworden bin, Berlin: F. Fontane 1893, S. 164-167
3 Theodor Fontane in: Von Zwanzig bis Dreißig, Sämtliche Werke: München 1967, S. 205 f.
4 Vgl. K. E. Laage: Theodor Storm erzählt eine plattdeutsche Gespenstergeschichte, in: Th. Storm, Studien zu seinem Leben und Werk, Berlin: Erich Schmidt Verlag, 1. Aufl. 1985, S. 122 ff., 2. Aufl. 1985, S. 133 ff.
5 Vgl. Th. Storms Briefe an Hermione von Preuschen, hg. von G. Ranft, in: STSG 22/1973, S. 64
6 Bücher aus Storms persönlicher Bibliothek: Jetzt im Archiv der Storm-Gesellschaft, Husum, Wasserreihe 31/35
7 Vgl. K. E. Laage: „Wenn ich doch glauben könnte!" Theodor Storm und die Religion, Heide: Boyens 2010
8 Das Original-Manuskript des „Neuen Gespensterbuchs" wird unter der Nr. HST 5 im Tresor des Storm-Archivs in Husum aufbewahrt.
9 Brieftexte von H. Carstens und Storm an Mommsen in: „Theodor Storm. Briefwechsel mit Theodor Mommsen", hg. von H. E. Teitge, Berlin: Böhlau 1966, S. 39 u. 40
10 Brief Storms an Müllenhoff vom 1.3.1845, in P. Goldammer: Th. Storms Briefe, Bd. I, Berlin 1972, S. 79 f.
11 Brief von Doris Stamp an Storm vom 6.2.1848, ungedruckt; hier nach dem Original in der LB Kiel.
12 Jacob und Wilhelm Grimm: Kinder- und Hausmärchen (3 Bände 1812–1822), Deutsche Sagen (2 Bände 1816–1818)
13 Karl Müllenhoff: Sagen, Märchen und Lieder der Herzogtümer Schleswig, Holstein und Lauenburg, Kiel: Schwersche Buchhandlung 1845
14 Doris Stamp an Storm: Vgl. Anm. 11
15 In Storms persönlicher Bibliothek befanden sich mehrere E. T. A. Hoffmann-Ausgaben (vgl. im Storm-Archiv, Husum). Vorlage für den Text der Gespenstergeschichte Nr. 18 „Der Tropfenfall" war offenbar die Ausgabe: Hoffmanns Werke, hg. von Heinrich Kurz, Kritisch durchgesehene Ausgabe, II. Band: „Der unheimliche Gast" (S. 90–125) Leipzig: Bibliographisches Institut (o. J.), (mit der Variante „wichtiges Abenteuer" statt „nächtiges Abenteuer").
16 Die Szenerie der Hoffmannschen Geschichte „Der unheimliche Gast" hat Storm offenbar so beeindruckt (vgl. Anm. 15), dass er die Grundelemente der Hoffmannschen Rahmenerzählung in den Eingangsrahmen seiner Sammlung „Am Kamin" übernimmt: „Herbst, Sturmwind, Kaminfeuer und Punsch", die nach E. T. A. Hoffmann „ganz eigentlich zusammengehören, um die heimlichsten Schauer in unserm Innern aufzuregen" (Storm in: „Am Kamin": „Oktoberwind", „Kamin", „Bowle").
Die Stelle in Storms Eingangsrahmen „Da erscheint der Trank, bei dem der selige Hoffmann seine Serapionsgeschichten erzählte" bestätigt unsere Vermutung, dass Storms Rahmengeschichte in „Am Kamin" von E. T. A. Hoffmann beeinflusst ist.

Benutzte Literatur

Karl Friedrich Boll: Spuk, Ahnungen und Gesichte bei Th. Storm, STSG 9 (1960), S. 9–23

Willrath Dreessen: Romantische Elemente bei Storm: Diss. Bonn 1905

Herbert Feuchte: Storm und die Romantik, Diss. Hamburg 1940

Karl Gratopp: Volkspoesie und Volksglauben in den Dichtungen Th. Storms, Diss. Rostock 1914

W. Mühlner: Spuk und Gespensterfreude in den Werken Th. Storms, in: Zeitschrift Niedersachsen Bd. XVII, 1911/12, S. 181 f.

Heinrich Wicht: Das Unheimliche bei Th. Storm, Diss. Breslau 1921

Abkürzungen und abgekürzt zitierte Literatur

Theodor Storm: Sämtliche Werke in vier Bänden, hg. von K. E. Laage und D. Lohmeier, Deutscher Klassiker Verlag, Frankfurt a.M. 1987/88 (abgekürzt zitiert nur mit Band- und Seitenzahl)

Die Briefzitate (Angabe nur mit Adressat und Briefdatum) stammen aus den gängigen Briefausgaben, besonders aus den Kritischen Ausgaben, die im Erich Schmidt Verlag erschienen sind, und aus den Briefveröffentlichungen in den Schriften der Theodor-Storm-Gesellschaft

Deutsches Wörterbuch, (abgekürzt: Grimm, D. W.) hg. von Jacob und Wilhelm Grimm, 33 Bände, Leipzig 1854/Berlin 1971

Weitere Abkürzungen

StA: Storm-Archiv, Husum (Wasserreihe 31/35)
LB Kiel: Schleswig-Holsteinische Landesbibliothek Kiel
STSG: Schriften der Theodor-Storm-Gesellschaft, Heide: Boyens
Abb.: Abbildung
<…> Ergänzungen zum Originaltext
[…] Auslassungen
Hs: Handschrift

Dank

Dank gebührt in erster Linie dem Archiv der Storm-Gesellschaft in Husum, das sowohl das Manuskript des „Neuen Gespensterbuchs" als auch wichtige Bände aus Storms persönlicher Bibliothek zur Bearbeitung zur Verfügung gestellt hat. Zu danken ist aber auch den Bibliotheken, die mitgeholfen haben, die Quellen der Spukgeschichtensammlung ausfindig zu machen: der Niedersächsischen Staats- und Universitätsbibliothek Göttingen, der Hofbibliothek Fürst Thurn und Taxis in Regensburg und der Schleswig-Holsteinischen Landesbibliothek in Kiel.

Von Karl Ernst Laage sind im Boyens Buchverlag folgende weitere Theodor-Storm-Titel erschienen:

Theodor Storm.
Eine Biographie
ISBN 978-3-8042-0856-8

Mit Storm auf Schritt und Tritt
Reisebegleiter durch Husum
und Nordfriesland
ISBN 978-3-8042-1198-8

Liebesqualen
Theodor Storm und Constanze Esmarch
als Brautpaar
ISBN 978-3-8042-1175-9

Theodor Storms öffentliches Wirken
Eine politische Biografie
ISBN 978-3-8042-1265-7

„Wenn ich doch glauben könnte!"
Theodor Storm und die Religion
ISBN 978-3-8042-1308-1

Theodor Storms Halligwelt
und seine Novelle „Eine Halligfahrt"
ISBN 978-3-8042-1140-7

Thomas Mann
Theodor Storm Essay
herausgegeben und kommentiert
von Karl Ernst Laage
ISBN 978-3-8042-0770-7

Boyens Buchverlag · Wulf-Isebrand-Platz 1–3 · 25746 Heide
buchverlag@boyens-medien.de